RAYMOND GRAVEL

Du même auteur

La Féministe en robe noire – Mère Sainte-Anne-Marie, Montréal, Libre Expression, 2013.
La Vie dans les communautés religieuses – L'âge de la ferveur, 1840-1960, Montréal, Libre Expression, 2010.

CLAUDE GRAVEL

RAYMOND GRAVEL

ENTRE LE DOUTE ET L'ESPOIR

Libre Expression

Une société de Québecor Média

Catalogage avant publication de Bibliothèque et Archives nationales du Québec et Bibliothèque et Archives Canada

Gravel, Claude, 1944-
    Raymond Gravel : entre le doute et l'espoir
    Comprend des références bibliographiques.
    ISBN 978-2-7648-1018-7
    1. Gravel, Raymond, 1952-2014. 2. Église catholique - Clergé - Biographies. 3. Prêtres - Québec (Province) - Biographies. 4. Députés - Québec (Province) - Biographies. I. Titre. II. Titre : Entre le doute et l'espoir.

BX4705.G722G72 2015   282.092   C2015-940227-1

Édition : André Bastien
Direction littéraire : Nadine Lauzon
Révision et correction : Marie Pigeon Labrecque, Julie Lalancette
Couverture et mise en pages : Axel Pérez de León
Photo de couverture : Joël Lemay / Agence QMI
Photo de l'auteur : Jacques Migneault

Remerciements
Nous reconnaissons l'aide financière du gouvernement du Canada par l'entremise du Fonds du livre du Canada pour nos activités d'édition.
Nous remercions le Conseil des Arts du Canada et la Société de développement des entreprises culturelles du Québec (SODEC) du soutien accordé à notre programme de publication.
Gouvernement du Québec – Programme de crédit d'impôt pour l'édition de livres – gestion SODEC.

Les Éditions Libre Expression
Groupe Librex inc.
Une société de Québecor Média
La Tourelle
1055, boul. René-Lévesque Est
Bureau 300
Montréal (Québec) H2L 4S5
Tél. : 514 849-5259
Téléc. : 514 849-1388
www.edlibreexpression.com

Dépôt légal – Bibliothèque et Archives nationales du Québec et Bibliothèque et Archives Canada, 2015

ISBN : 978-2-7648-1018-7

Distribution au Canada
Messageries ADP inc.
2315, rue de la Province
Longueuil (Québec) J4G 1G4
Tél. : 450 640-1234
Sans frais : 1 800 771-3022
www.messageries-adp.com

Diffusion hors Canada
Interforum
Immeuble Paryseine
3, allée de la Seine
F-94854 Ivry-sur-Seine Cedex
Tél. : 33 (0)1 49 59 10 10
www.interforum.fr

Sommaire

Mot de l'auteur

J'ai entrepris cette biographie en avril 2013, quand Raymond Gravel se croyait en parfaite santé. Je l'ai poursuivie avec son accord après qu'il eut appris qu'il souffrait du cancer du poumon. Je l'ai terminée dans les mois qui ont suivi son décès, survenu le 11 août 2014. Il aurait bien aimé la lire. Il en aura toutefois approuvé le plan détaillé.

Je le connaissais peu, même si nous venions de la même région, Lanaudière. Il nous croyait cousins ; nous ne le sommes pas. Il faut remonter huit générations pour se trouver un ancêtre commun, Pierre Gravel, qui s'est marié avec Geneviève Guyon le 27 novembre 1758 à Cap-Saint-Ignace, soit moins d'un an avant la célèbre bataille des plaines d'Abraham, à Québec.

Je lui avais proposé, le 19 mars 2013, par courriel, d'écrire sa biographie. Je trouvais qu'il était un personnage incontournable dans l'histoire religieuse et politique du Québec contemporain. Le lendemain, il m'avait répondu qu'il acceptait de me rencontrer à cette fin.

Une confiance mutuelle s'est vite établie entre nous. Dès le début de mes recherches, il m'avait prêté quatre premières boîtes de documents. Il en ajoutera d'autres, plus tard. J'en ai vite saisi l'importance. Il s'agissait de papiers personnels, de sa correspondance. J'y découvrirai même le journal intime qu'il a tenu de l'âge de dix-huit à trente-huit ans. Informé de ce fait, l'abbé Gravel n'exercera aucune censure sur son utilisation.

Je tenais aussi à lire tout ce qu'il avait écrit et ce qui s'était publié sur lui, en particulier dans les médias – des centaines d'articles, des milliers de pages. De temps à autre, je lui téléphonais pour vérifier une information. Il m'a accordé une quinzaine d'entrevues de deux à trois heures chacune sur des thèmes donnés.

Lorsqu'il m'a appris, à la fin d'août 2013, qu'il souffrait d'un cancer qui pouvait le tuer à brève échéance, je me suis demandé si je devais poursuivre sa biographie. On m'accuserait sûrement d'avoir profité de sa maladie pour mousser les ventes d'un livre. Il n'en était pourtant rien. Et, pour lui, il n'était pas question d'abandonner ce projet qui lui tenait à cœur. Il s'y est alors investi entièrement, malgré la fatigue que lui causaient ses traitements. Il m'a reçu semaine après semaine à sa maison de Joliette. J'ai assisté à ses messes dominicales, je l'ai suivi dans plusieurs de ses activités publiques, j'ai mangé avec lui, j'ai ri de ses blagues, car il pouvait être, lorsque la forme lui revenait, un intarissable conteur. Peu à peu, nous avons appris à nous connaître. Nos rapports sont devenus plus personnels.

Il invitait mon épouse, Lise Pelletier, qui venait parfois me conduire chez lui, à entrer. Il s'est intéressé à notre vie de couple… C'était aussi cela, Raymond Gravel : un charme fou qui finissait par vous coller à la peau.

***

Écrire une biographie, c'est adopter un point de vue. Le mien a été celui de l'abbé Gravel. Les événements ne sont jamais neutres pour celui qui les vit ; les émotions qu'ils suscitent peuvent être fort différentes d'une personne à l'autre. À la question : « Qu'est-ce que vous avez vécu ? », j'ajoutais toujours : « Qu'est-ce que vous avez ressenti ? » Cela ne m'a pas empêché de me livrer à un nécessaire travail de vérification des faits. Je n'ai pas voulu écrire une hagiographie.

Au lecteur qui serait surpris ou même choqué par la narration de certains événements de sa vie – ses rapports difficiles avec son père, ses aventures homosexuelles, ses années de consommation de drogues –, je tiens à préciser qu'ils sont majeurs dans la compréhension du cheminement de Raymond Gravel qui, en outre, tenait à ce que je les raconte.

En rédigeant ce livre, j'ai voulu éviter de multiplier les notes de bas de page qui viennent en interrompre la lecture ; elles sont réduites au minimum. Sauf avis contraire, toutes les citations attribuées à Raymond Gravel sont tirées des entrevues, toutes enregistrées, qu'il m'a accordées d'octobre 2013 à juin 2014. Et la reconstitution des dialogues qui ponctuent certaines scènes est de lui.

J'ai choisi de ne pas dévoiler l'identité de personnes dont le passage dans la vie de Raymond Gravel n'a été que de nature intime ou que je n'ai pu joindre pour obtenir l'autorisation de les nommer. Elles ne sont alors désignées que par leur prénom, qui peut aussi être fictif si celui-ci permettait de les reconnaître. Cette décision exclut les personnages qui ont joué un rôle public dans la vie de Raymond Gravel.

* * *

« Il y a cent biographies possibles pour tout être humain », disait Jean-Bertrand Pontalis, cité par Olivier Todd dans sa biographie d'Albert Camus. La mienne se veut honnête et respectueuse des personnes. Je la souhaite vraie. Je crois qu'elle rend bien compte de l'évolution de cet être complexe, tourmenté, altruiste, généreux et magnifique qu'était Raymond Gravel.

Claude Gravel,
19 janvier 2015

Prologue

Un simple serviteur

Raymond Gravel n'avait jamais pensé qu'un jour il pourrait mourir. Il ne se croyait pas éternel : il était invincible.

Depuis soixante ans, son corps le servait bien et il n'y avait pas de raisons pour que les choses changent. Il avait abusé des drogues pendant dix ans, il fumait depuis l'âge de douze ans, il dormait peu, il courait toute la journée en mangeant souvent sur le pouce et, s'il était parfois fatigué, il ne connaissait pas la maladie.

Et voilà que ce matin du mercredi 28 août 2013, dans cette petite pièce du Centre hospitalier régional de Lanaudière, le spécialiste qui l'avait examiné pour une douleur persistante à la poitrine lui annonçait qu'il était atteint d'un grave cancer du poumon, un cancer à petites cellules, avec des métastases aux os. Il n'en avait plus que pour trois mois à vivre.

Un gouffre s'était ouvert devant lui.

« Trois mois ! » s'était-il écrié.

Le pneumologue avait l'habitude de cette réaction.

« Avec des traitements, vous pourrez prolonger votre vie », avait-il repris, avec calme.

L'abbé Gravel n'avait été guère plus rassuré.

« Prolonger ma vie… De combien de temps ?

— De six mois, peut-être davantage…

— Six mois ! Ce n'est pas un diagnostic, c'est une condamnation à mort !

— Vous pouvez toujours choisir de vous battre », lui avait rétorqué le médecin, toujours aussi impassible – une attitude que Raymond Gravel avait prise pour de l'indifférence à son sort tragique.

Il s'agissait de sa vie et ce spécialiste n'avait rien d'autre à lui offrir en guise d'espoir que des statistiques !

Il serra les poings. Toute la rage du monde remonta en lui.

Il n'avait pas fait toute cette route, mené toutes ces luttes, aidé tant de gens pour en venir là, à cette mort annoncée comme s'il s'agissait d'un banal événement. « Raymond Gravel va mourir. Nous le regretterons beaucoup. Au suivant ! » Bien sûr qu'il allait se battre, et il n'allait pas mourir ! Ce médecin, et tous les autres, verrait qu'on ne détruit pas aussi facilement un homme de sa trempe. Il venait d'une famille où l'on vivait vieux, parfois très vieux : son grand-père Athanase était mort à quatre-vingt-dix-huit ans, son arrière-grand-père, Moïse, à quatre-vingt-quatre ans et son arrière-arrière-grand-père, Pierre, avait aussi atteint cet âge. Son propre père, Yvon, avait été moins chanceux : il avait vécu jusqu'à soixante-seize ans. Il pourrait au moins vivre aussi vieux que son père. Seize ans l'en séparaient.

Raymond Gravel pensa à sa mère, Réjeanne Mondor, qui célébrait son anniversaire de naissance – quelle coïncidence ! – aujourd'hui même, ce 28 août. Elle venait d'avoir quatre-vingt-neuf ans. Elle n'était pas malade, elle était seulement un peu sourde. Elle n'était que vieille. Son examen terminé – un test sans conséquences, avait-il cru –, il devait se rendre à Saint-Damien-de-Brandon pour l'embrasser et la serrer dans ses bras. Il lui dirait : « Maman, je t'aime », avant, encore une fois, de lui apprendre qu'il regrettait de ne pouvoir demeurer plus longtemps avec elle. « Vous comprenez, j'ai un baptême à trois heures. » Naturellement, elle comprendrait, sa mère comprenait toujours. Elle ajouterait, avec un peu de tristesse dans la voix : « Tu n'as vraiment pas le temps de rester souper ? J'ai préparé un bon rôti. » Non, il n'avait pas le temps. Ce serait pour une autre fois.

Le médecin s'était retiré, le laissant seul dans la pièce. Alors Raymond Gravel avait éclaté en sanglots. Il aurait dû accepter l'invitation à souper de sa mère, toutes les invitations qu'elle lui avait faites et qu'il avait refusées pour courir baptiser l'enfant d'étrangers, marier un couple qu'il ne connaissait pas et qu'il ne reverrait plus à son église, célébrer les funérailles de la tante d'une paroissienne qui lui avait lancé : « Raymond, tu ne peux pas me refuser cela. » Il n'avait pas refusé, mais c'était une autre heure de sa vie qu'il avait retranchée à l'amour de sa mère. Et si ce médecin disait vrai ? Si dans quelques mois, six mois, neuf mois, un an peut-être, il était mort ? Il serait trop tard pour s'asseoir à la même table que sa mère, avec probablement ses frères et ses sœurs qui les auraient rejoints pour l'occasion, trop heureux de pouvoir jaser avec ce frère qu'ils voyaient plus souvent à la télévision que dans les rencontres familiales.

Car l'abbé Gravel était si occupé! Il était prêtre depuis vingt-sept ans. Il était venu tard au sacerdoce, après une jeunesse tumultueuse qu'il n'avait pas cachée mais qui lui avait toujours été discrètement reprochée par les bonnes gens, y compris par certains de ses confrères. Tout le monde savait qui il était, beaucoup avaient feint d'oublier cette part secrète et sombre de son existence. Il avait mis les bouchées doubles, ne refusant pas les obligations de sa tâche. Qu'est-ce qui l'avait motivé? L'enseignement du Christ, certes, mais un enseignement dont il faisait une interprétation si personnelle qu'il avait failli à quelques reprises être expulsé de l'Église. Il avait dû aller s'expliquer à Rome, devant des sous-secrétaires en soutane et ceinturon rouge qu'il méprisait souverainement et qu'il avait réussi à convaincre. On l'avait accusé d'hérésies doctrinales, on avait voulu l'expulser du clergé, mais il avait toujours gagné!

Il avait voulu être un bon serviteur de Jésus, ce Jésus de la Samaritaine, celle à qui il était peu convenable qu'un Juif parlât, ce Jésus de Marie-Madeleine, la prostituée, ce Jésus des publicains, des rejetés, et ce Jésus des exclus dont il se sentait si proche puisqu'il en était un lui-même.

Il pensa aux malades qui étaient morts dans ses bras, à ces sidéens que personne ne voulait approcher, par peur de la contagion, et à qui il avait réussi à arracher l'ombre d'un sourire. Il pensa à cette femme qu'il avait mariée à celui qu'elle aimait depuis toujours; elle avait eu le temps de tremper ses lèvres dans le vin qu'il leur avait servi dans la chambre d'hôpital. Elle était morte heureuse. Il pensa à ces centaines de Québécois qui avaient délaissé une Église catholique qui ne leur parlait plus et à qui il avait tenté de communiquer l'espérance du christianisme. Il avait été, oui, un prêcheur d'espérances.

Avait-il été un bon prêtre? En dépit de ses faiblesses, il l'avait voulu de toutes ses forces. Pourquoi était-il malade, alors? Pourquoi Dieu ne le récompensait-il pas? Cette question le ramena à la parabole qu'il avait commentée dans une récente homélie. Elle est dans l'Évangile de Luc. Le serviteur a passé toute la journée à labourer les champs et à faire paître les troupeaux de son maître. Le soir venu, épuisé et affamé, il se fait dire par ce dernier de lui servir à boire et à manger, et de ne se sustenter qu'une fois cela fait. Le maître lui doit-il alors de la reconnaissance? Luc dit que non. «Vous de même, quand vous aurez exécuté tout ce qui vous a été ordonné, dites: "Nous sommes de simples serviteurs, nous n'avons fait que ce que nous devions faire."» Prêtre, il n'avait fait que son devoir, Dieu ne lui devait rien.

Raymond regagna son lit dans la salle d'observation, où on l'avait accepté la veille. Des rideaux de toile le séparaient des autres patients. Tout se bousculait dans sa tête, son apostolat, sa foi, le doute, le désespoir. Il s'était rendu fumer une cigarette à l'extérieur de l'hôpital. Il portait encore la jaquette bleue des patients. Des visiteurs l'avaient reconnu, lui avaient jeté ce regard réprobateur que les bien portants réservent souvent aux malades qui fument, comme si la société était légitimée de leur imposer un style de vie. En revenant à son lit, il y trouva un billet sur l'oreiller. «Monsieur l'abbé, mettez

donc toutes les chances de votre côté. Cessez de fumer. »
Il était de sa voisine. Il ne put s'empêcher de sourire, de
songer à toutes ces personnes qui lui voudraient désormais du bien.

Première partie
Le poids des silences

Chapitre 1

« On ne parlait jamais de ça »

L'adolescent qui marchait seul sur une route de Saint-Damien-de-Brandon en ce printemps de 1969 était brisé par des expériences qui le hantaient depuis des années. Les souvenirs qui lui en restaient, sa sensibilité trop vive les avait-elle amplifiés ou, au contraire, émoussés pour les rendre plus supportables? Cela n'avait, somme toute, que peu d'importance; l'exacte rigueur des faits compte parfois moins que la peine qu'ils nous causent. Et pour lui, cette peine était vraie, intense; il la ressentait jusqu'au plus profond de son âme!

Ce père qu'il venait de quitter à seize ans, il aurait tant voulu qu'il l'aimât! Bien sûr, il avait été son premier héros, comme c'est le cas pour bien des enfants. Pourquoi ne l'était-il pas resté? Ce père, il aurait pu être son protecteur, son guide, son ami. Que s'était-il passé entre eux pour qu'il ne le devînt pas? Qu'est-ce qui pouvait bien expliquer leur rupture, ce rejet? Son père avait-il été seulement fier de lui, une fois, une seule fois? Oui, peut-être, mais si maladroitement, si bêtement que Raymond préférait nier les émotions qui montaient en lui en se rappelant ce dimanche d'autrefois…

Il devait avoir trois ans, quatre ans peut-être, pas davantage. Quelques oncles et tantes étaient venus passer l'après-midi à la maison. Tout à coup, sans le prévenir, son père s'était emparé de lui et l'avait posé debout sur la table de cuisine, l'exhibant comme un trophée. L'enfant s'était attendu à ce qu'il le remette par terre. Ce n'est pas du tout ce qui s'était passé. D'un geste brusque, son père avait baissé son pantalon, puis son caleçon. Il l'avait tourné vers la famille en dévoilant ses parties les plus intimes: «Voyez comment mon garçon va être équipé!» s'était-il exclamé. C'était la première fois de sa vie, du moins de celle dont il se souvenait encore, que Raymond ressentait une telle gêne, une telle honte. Une tante avait été prise d'un rire incontrôlable. «Cette tante, je l'ai haïe toute ma vie», dira, cinquante-sept ans plus tard, l'abbé Raymond Gravel en se remémorant les émotions qu'il avait éprouvées en étant ainsi exposé à tous les regards et à tous les jugements de sa famille.

Et s'il n'y avait eu que cette scène un peu grotesque, peut-être que le petit Raymond l'aurait vite oubliée… L'enfant a à peu près le même âge lorsque la parenté est réunie pour le réveillon de Noël. Il se fait tard. Un oncle un peu éméché, nullement pédophile, le prend à part et lui montre avec fierté, comme pour lui rendre service, ses attributs virils. «Regarde de quoi ça a l'air, un homme!» L'enfant voit pour la première fois un pénis d'adulte: cette chose qui pend au-dessus d'un sac parsemé de poils. « Toute ma vie, j'ai trouvé laids les hommes nus. Je les préfère tout habillés. »

Autre scène : nous sommes en juillet, au temps des récoltes. Son père, blessé à la jambe, a dû embaucher un homme d'un rang voisin pour venir l'aider. Ce dernier est aux champs. Son épouse, belle femme au début de la trentaine, l'a accompagné chez les Gravel. En se rendant à la grange, l'enfant surprend son père et la voisine couchés dans le foin, haletants. Il croit d'abord que les deux adultes se chamaillent : ils s'accouplent plutôt avec passion. Raymond accourt à la maison et, plus par affolement que par indiscrétion, raconte la scène à sa mère. Elle dit simplement : « Laisse faire ton père. Je vais pouvoir dormir ce soir. »

Par cette sexualité primitive, l'enfant qui n'aura pas vu son père et sa mère s'embrasser ni constaté de marques d'amour entre eux découvrira, trop tôt et de force, l'univers des adultes. Sensible à l'extrême, introverti et solitaire, incapable de se confier à quiconque dans une famille où « l'on ne parlait jamais de ça » – le *ça* signifiant qu'on ne devait à aucun moment nommer la chose à laquelle on ne devait même pas penser –, le petit Raymond se construira avec les années une défense qui se révélera fragile comme du papier de soie.

Le sexe est donc un sujet tabou, qu'on enfouit dans les silences d'une société soumise aux codes rigides de l'Église catholique. Étrangement, les hommes, les mâles, peuvent en rire volontiers entre eux, y compris devant les enfants, comme si leurs propos ne portaient pas à conséquence. Le sexe sert à les amuser, verbalement ou autrement. Les femmes n'y font même pas allusion, comme si elles étaient étrangères à ces jeux essentiellement masculins. La sexualité est associée à la violence des gestes et des émotions, dont les hommes seuls sont responsables, les femmes la subissant en silence. Pour Raymond, son père, ce père de qui il a attendu en vain de la tendresse, participe à ces excès. Et si ce n'était que cela qui avait blessé l'enfant, que cette violence sans coups de poing ou de pied? Mais dans le monde du jeune Raymond Gravel, il y a aussi cette autre violence, celle qui laisse des marques sur le corps. Cette violence-là ne lui sera pas épargnée non plus. Celle-là, qui venait aussi de son père, et qu'il a racontée tant de fois au cours de sa vie[1], comme pour confirmer cette dureté qu'il reprochera à son père, il préférera néanmoins, à soixante et un ans, se sachant atteint d'un mal inguérissable, en relativiser l'importance, détestant, pour l'histoire, poser en victime, en «enfant battu». «Je n'ai pas quitté la maison à seize ans uniquement à cause de la violence de mon père, tranchera-t-il. Je ne m'entendais pas avec lui[2].» S'il reconnaît que son père «levait la main facilement sur moi et sur les autres», Raymond a rejeté la violence en général, y compris celle des sentiments, en fuyant un père à qui il ne parlera plus pendant cinq ans et avec qui il ne se réconciliera que trois décennies plus tard dans des circonstances émouvantes et dramatiques.

Son père, pourtant – combien de fois le lui a-t-on rappelé? –, était «un bon travailleur», levé avant le soleil, aux champs jusqu'à la brunante, arrachant à la terre

---

1. Ses dernières confidences publiques à ce sujet remontent à l'émission *L'autre midi à la table d'à côté*, diffusée le 1er janvier 2014 à la radio de Radio-Canada, alors qu'il dira à Danièle Henkel: «Mon père nous battait, et il battait aussi ma mère.»
2. Précisions apportées à l'auteur le 15 avril 2014.

de quoi faire vivre sa famille de six enfants qu'il devait malgré tout aimer à sa façon. Combien de fois Raymond ne l'avait-il pas surpris à travailler à la limite de ses forces physiques, à fendre le bois, l'hiver, mains nues afin de se donner une meilleure prise sur le manche de la hache ; à guider pendant des heures, à bout de bras, la charrue derrière le cheval, dans des sillons de glaise ; à réparer le toit d'une grange, debout sur le dernier barreau de l'échelle, le corps tendu à l'extrême ? Son père, non plus, n'avait pas eu une enfance qui l'avait préparé à la tendresse. Il avait dû quitter l'école après sa troisième année pour aider son propre père sur la ferme. Lui aussi, pour survivre, avait dû se forger une carapace. Devant la souffrance, les hommes ne parlaient pas, les hommes ne pleuraient pas. Ils étaient durs comme le pays duquel ils arrachaient leur subsistance. Un homme, un vrai, n'aimait pas un autre homme, il ne disait pas à son fils qu'il l'aimait. Il devait plutôt le former à se battre, à s'endurcir lui aussi. Ainsi pensait-il le préparer à une vie de labeurs sans plaisirs ni récompenses.

Elle l'appelait « chaton »

Faut-il s'étonner que ce soit vers sa mère que l'enfant ait reporté toute son affection ? Il en gardera le souvenir d'avoir été bercé jusqu'à l'âge de quatre ans, et d'y avoir trouvé l'apaisement dans la chaleur de ses bras. Si elle devait s'absenter un soir et le faire garder par une autre femme, fût-ce une tante, c'était la crise, les larmes, puis la douceur des retrouvailles. L'enfant refusait que cette mère qui l'appelait « chaton » ne soit pas constamment à ses côtés. « J'étais son préféré », reconnaîtra-t-il encore des années plus tard, lui qui, toute sa vie, gardera un amour inconditionnel envers cette femme de petite taille, douce, mais dotée de deux qualités dont lui-même a hérité : un moral d'acier et un courage à toute épreuve. Très tôt, Raymond découvrira l'extraordinaire capacité de sa mère à feindre d'ignorer ce qui la blesse ou à changer ce qui est pour elle inacceptable. Toujours elle évitera que des discussions trop vives viennent perturber la quiétude qu'elle souhaite maintenir autour d'elle. Si le ton monte dans sa maison, elle intervient et, par une phrase, une question, trouve le moyen de lancer tout le monde sur un autre sujet de conversation. Elle niera même l'évidence, y compris le caractère autoritaire et parfois violent de son époux, prétendant qu'il n'a jamais porté la main sur elle ni ne l'a molestée de quelque manière que ce fût. Elle « oubliera » même d'avoir été chassée de sa maison un soir frisquet de novembre par son mari en colère et d'avoir dû passer la nuit dans la grange, se protégeant du froid sous un tas de foin en serrant contre elle son fils Raymond, qui l'avait suivie. Le lendemain, sans un mot, elle reprendra son travail comme si rien ne s'était passé.

Son mari, elle en était pourtant follement amoureuse lorsqu'elle l'avait épousé, le samedi 28 août 1948, en l'église de Saint-Damien-de-Brandon. C'était le jour de son anniversaire : Réjeanne Mondor venait d'avoir vingt-quatre ans. Comme elle, Yvon Gravel, d'un an et demi son cadet, venait d'une famille qui, dès le milieu du dix-neuvième siècle, avait contribué au développement de cette paroisse du nord-est de la région de Lanaudière. Bien avant Réjeanne et Yvon, les Mondor et les Gravel se connaissaient depuis quatre générations pour avoir défriché le même coin de pays, ces basses terres traversées par la rivière Matambin. Les premiers colons ne s'étaient pas trompés sur la beauté du paysage, en particulier à partir de ce 10e rang, où Joseph-Toussaint Mondor et son épouse Virginie Beauparlant étaient venus s'établir près d'un siècle plus tôt. Ils y donnèrent naissance à seize enfants qui, presque tous, choisirent d'y rester et de fonder une famille dans ce qui, dès lors, sera désigné comme « le rang des Mondor », avant de s'appeler le chemin Mondor. Un de leurs fils, Eugène Mondor, et sa femme, Théona Lebert, les parents de Réjeanne, y finiront leurs jours, à quelques pas de leurs enfants et petits-enfants.

Ils y connurent, bien sûr, les Gravel, Athanase, d'abord, le père d'Yvon. Il avait la réputation de régler ses différends aux poings, et son épouse, Éva Lafortune, passait pour une sainte femme. Le père d'Athanase, Moïse, cultivateur lui aussi, était le fils de l'ancêtre des Gravel à Saint-Damien-de-Brandon, Pierre, qui venait de Sainte-Élisabeth, dans ces basses terres fertiles et toutes occupées de la région de Joliette. Il y avait épousé Élise Dufresne le 12 janvier 1864 et, énergique comme on peut l'être dans la jeune vingtaine, il était venu chercher sa subsistance plus au nord. Sa jeune femme et lui durent d'abord dormir à la belle étoile et, dès l'aube, pieds nus, faute d'argent pour se procurer des bottes, Élise accompagnait son mari dans la forêt pour y cueillir des petits fruits qui feraient leurs délices au souper pendant qu'il abattait les arbres pour construire leur maison. Ils eurent neuf enfants – six garçons et trois filles. La plupart restèrent fidèles à la région.

De cette lignée, à quelques dizaines de mètres de la terre de ses beaux-parents Mondor, Yvon Gravel acquerra une ferme qui avait été défrichée depuis 1854 et d'où la vue portait sur la plaine qui mène au lac Maskinongé et à Saint-Gabriel-de-Brandon. Leur mariage célébré, Réjeanne Mondor et lui retrouveront pour toujours ce paysage qui leur était familier.

Leur ferme aurait pu être plus productive si elle avait été plus grande et dotée d'une machinerie plus moderne. À cette époque, toutefois, l'agriculture renvoyait encore à un modèle artisanal. Yvon Gravel utilisait le chargeur, un instrument aratoire inventé à la fin du dix-neuvième siècle, pour remplir sa charrette de foin en vrac ; la charrette était tirée par des chevaux. À l'étable, la traite des vaches se faisait à la main, et une centrifugeuse rudimentaire séparait le lait de la crème. Ce n'est qu'avec les années 1960 et les réformes de la Révolution tranquille que les normes d'hygiène du gouvernement libéral obligeront les cultivateurs à cesser de vendre leur lait dans des bidons à la beurrerie du village, puis à s'équiper de trayeuses modernes et à entreposer le lait dans des contenants stérilisés et réfrigérés. Le tracteur remplacera aussi graduellement les chevaux sur les fermes, que les agriculteurs devront agrandir (le plus souvent en achetant les fermes voisines) pour les rendre plus rentables. L'agriculture industrielle était née. En même temps, les jeunes générations commenceront à délaisser leurs villages et leurs rangs pour aller chercher du travail dans les villes. Conséquence : la relève manquant, plusieurs petites fermes peu productives ou situées dans des régions montagneuses retourneront en friche. L'agriculture traditionnelle, telle qu'elle était pratiquée par Yvon Gravel, était donc en déclin dans ce Québec des années 1950, où, pourtant, le discours des élites était semblable à celui des décennies précédentes. L'Église catholique y valorisait les familles nombreuses et la vie à la campagne, même si les habitants en vivaient pauvrement et que leurs enfants, pour la plupart, ne terminaient pas leur cours primaire. Rien ne devait changer dans une province où l'électrification des rangs ne s'était produite que dans les années 1930 et même 1940, où beaucoup de maisons ne possédaient pas encore l'eau chaude (c'était le cas chez Yvon Gravel) et où, pour aller aux toilettes, il fallait souvent, hiver comme été, se rendre dans une étroite cabane en bois adossée à l'étable ou à la grange que les Anglais appelaient la *back house* et que les Canadiens français désignèrent comme la « bécosse ».

Très vite après leur mariage, la demeure de Réjeanne Mondor et d'Yvon Gravel se remplira, les dimanches après-midi et les jours de fête, d'oncles et de tantes, de cousins et cousines, qui sont généralement propriétaires de fermes avoisinantes. On jase de tout et de rien, du prix du lait au dernier sermon du curé ; on joue souvent aux cartes (une activité que Raymond Gravel affectionnera toute sa vie) ; on coule une existence simple qui a toutes les apparences du bonheur. Et c'est dans leur modeste maison en papier brique rouge du rang des Mondor qu'année après année Réjeanne donnera naissance à ses six enfants : Michel, Manon, Gilles, puis, le 4 novembre 1952, Raymond, qui sera suivi l'année suivante de Francine, avant qu'une série de fausses couches n'espace de treize ans la naissance du dernier de ses enfants, Yves.

Changer les mentalités

Peu après la naissance de son fils Raymond, Yvon Gravel avait été un des premiers habitants de Saint-Damien-de-Brandon à se procurer un nouvel appareil muni d'une vitre qui réfléchissait des images en noir et blanc, dont personne ne connaissait vraiment la provenance, mais qui fascinaient tout le monde. La télévision n'allait pas qu'amener à la maison des Gravel des voisins tous les soirs ; elle allait contribuer à changer les mentalités dans ce Québec rural replié sur lui-même, soumis à un clergé catholique qui maintenait les fidèles dans un corset de rites parfois teintés de fétichisme. Raymond Gravel gardera le souvenir de l'eau bénite dont sa mère – comme beaucoup de mères de famille de cette époque – aspergeait la galerie et du cierge qu'elle allumait avant chaque orage. Il se rappellera aussi ces débuts de soirée où toute la famille devait s'agenouiller autour du poste de radio pour réciter le chapelet avec le cardinal Paul-Émile Léger[3] avant – enfin ! – de pouvoir allumer la télévision et de regarder les émissions qui faisaient rêver.

Ses années d'enfance, Raymond ne les vivra quand même pas sans joies. Son tempérament le porte à s'isoler : « Je passais de grandes journées seul, je n'allais pas vers les autres. » Il n'en souffre pas, bien au contraire. Encouragé par sa mère, il se réfugie dans une activité qu'il affectionnera toute sa vie : la lecture. De cette *Histoire du Canada,* écrite par les frères enseignants, et de cette *Histoire sainte* que l'on possède à la maison, il regardera

---

3. L'émission *Le Chapelet en famille* sera diffusée par la station de radio CKAC depuis la cathédrale Marie-Reine-du-Monde, à Montréal, et animée par le cardinal Paul-Émile Léger de 1950 à 1967, année de son départ pour l'Afrique. Elle sera retirée des ondes en 1970.

d'abord les images, découvrant de nouvelles facettes du monde qui lui permettent d'échapper au sien. À quatre et cinq ans, il se colle volontiers sur son frère aîné, Michel, puis sur sa grande sœur Manon, qui, revenant de l'école, apprennent leurs leçons et font leurs devoirs. Il les écoute, ébahi, réciter à haute voix les lettres qui forment des mots, puis les mots des phrases, selon une méthode pédagogique qui sera rejetée quelques années plus tard – en éducation aussi, l'époque est aux changements – parce que jugée « infantilisante ». Pourtant, lorsqu'il se présente en première année, en septembre 1958, il surprend son institutrice, sœur Marie-Hélène[4], en sachant déjà lire. La religieuse, qui enseigne aux élèves du primaire depuis près de quarante ans, ne se laisse nullement impressionner par ce petit garçon un peu remuant, qu'elle s'empresse d'occuper en lui demandant – c'est là son souvenir – de plier et de ranger la lingerie du couvent. Ce travail s'accomplit au grenier. Raymond est isolé des autres élèves. Il aurait pu s'en offusquer. Il s'en réjouit. Pendant que ses petits camarades peinent sur les *ba, be, bi, bo, bu,* cette activité le valorise. Il devient le chouchou de la sœur, du moins le pense-t-il, ce qui revient au même pour son *ego*.

Une autre raison l'amènera à se rappeler avec attendrissement sa première journée d'école. Ce sentiment, il le doit encore à sa mère. S'il lui était arrivé de quitter le rang des Mondor pour se rendre au village, il n'en avait pas mesuré la distance, qui se comptait davantage en

---

4. Odila Doucet est née à Berthierville le 4 juin 1898. Elle a enseigné à Saint-Damien-de-Brandon de 1922 à 1925, puis de 1958 à 1960. Elle est décédée le 23 juin 1975.

31

temps, selon le mode de transport. De la maison familiale au vieux couvent qui, depuis un demi-siècle, sert d'école publique aux élèves du primaire, il faut calculer très exactement cinq kilomètres – deux pour se rendre d'abord au chemin Montauban[5], puis trois autres jusqu'à ce noyau institutionnel que complètent l'église, construite en 1867, et le presbytère en pierre. Les enfants Gravel – Michel, Manon, Gilles, Raymond – doivent faire le trajet à pied[6], sauf les jours où leur père attelle le cheval à une charrette ou à un traîneau muni d'une plateforme sur laquelle il ramènera quelques poches de moulée achetées chez le marchand général. À la rentrée de septembre, le rituel est le même : leur mère montre le chemin au plus jeune de ses enfants en lui en signalant les dangers. Ici, il faut éviter de tourner à gauche, car on entre dans un cul-de-sac ; là, il faut se méfier du chien du maire, un berger allemand qui n'est que rarement attaché et qui n'aime rien de mieux que d'effrayer les passants (durant l'année, Raymond multipliera les détours pour l'éviter). La mère se fait à la fois brave et protectrice ; l'enfant la tient par la main, rassuré. Il n'a pas encore conscience d'arriver à une autre étape de sa vie.

Le trajet se termine au couvent qui, pour un enfant, peut apparaître comme un immeuble imposant comparativement aux maisons du rang des Mondor. Il n'a pourtant que deux étages, avec un troisième à toit mansardé où deux lucarnes laissent pénétrer la lumière. Il a été construit en 1908 par la municipalité, au coût de quatre cents dollars,

---

5. L'actuelle route 347.
6. Le transport scolaire par autobus ne sera inauguré qu'en 1962, quand Raymond entreprendra sa quatrième année.

dans l'espoir d'y attirer des religieuses enseignantes qui instruiraient à peu de frais les enfants du village, comme c'était la coutume du temps. À Joliette, où elles étaient arrivées cinq ans plus tôt en provenance de leur Bretagne natale, les sœurs des Saints Cœurs de Jésus et de Marie répondirent à l'appel[7]. Ces religieuses françaises, dont la forme de la cornette qui leur encerclait le visage les faisait désigner comme « les sœurs carrées », prenaient ainsi en charge leurs premières petites écoles de Lanaudière, qu'elles occuperont par la suite pendant trois quarts de siècle. Elles influencèrent grandement le jeune Raymond par leur compétence, leur dévouement et leur humilité. Avec elles, il connut les dernières manifestations d'un système scolaire qui valorisait l'appartenance à la race canadienne-française, où le salut au drapeau du Québec s'accompagnait sans contradiction aucune du chant de l'*Ô Canada,* où la visite annuelle de l'inspecteur d'école prenait, avec celle de l'évêque pour la confirmation des enfants de sixième année, des allures d'événement mémorable.

Un élève doué
Si sœur Marie-Hélène lui fit toucher au sens des responsabilités, plus tard, alors qu'il entrait en quatrième année, sœur Clémence-de-Jésus[8] lui fit découvrir le potentiel de liberté qu'offrait la création intellectuelle.

Raymond épatait les religieuses par sa facilité à apprendre que, chaque mois, récompensaient des

---

7. Cette communauté religieuse, fondée en France en 1853, est arrivée en Nouvelle-Écosse en 1891, et à Joliette, au Québec, en 1903.
8. Clémence Ferland est née à Saint-Michel-des-Saints le 8 mai 1918. Elle a enseigné à Saint-Damien-de-Brandon de 1961 à 1963. Elle est décédée le 24 juillet 1996.

notes de premier de classe. Ses matières fortes étaient le français, la religion, l'histoire, la géographie, et il se débrouillait bien en calcul. Il pouvait réciter une page qu'il n'avait lue qu'une fois. Il mémorisait les nombres avec une facilité déconcertante, une habitude qu'il garderait toute sa vie. Il était la plupart du temps en avance sur ses petits camarades. Sans doute pour cela, on lui pardonnait volontiers de se retirer dans son coin à la récréation, à une époque où la participation aux sports de groupe était considérée comme essentielle à tout enfant normal, ce à quoi excellaient son frère Michel et sa sœur Manon. Derrière la grotte de pierre qui abritait la statue de la Vierge au fond de la cour, il fallait parfois aller récupérer le ballon dans le cimetière adjacent, où il avait été lancé par mégarde. Raymond en revenait avec le précieux objet, après avoir couru entre les tombes des ancêtres de Saint-Damien-de-Brandon, sans penser le moins du monde leur manquer de respect, comme si la mort se mêlait tout naturellement aux activités de la vie. Sœur Clémence-de-Jésus perçut chez ce garçon de dix ans une soif d'apprendre qui allait bien au-delà des études scolaires formelles. Ce n'est pas par hasard qu'elle lui fit découvrir le théâtre. Avec les séances de milieu ou de fin d'année qu'elle montait depuis des décennies, il était possible, par la magie des mots et des émotions, de séduire les êtres humains en leur proposant un univers imaginaire qui était souvent plus réel que le vrai. Raymond s'en rendit vite compte. Toute sa vie, il intégrera les différents aspects du théâtre – l'écriture, la scénarisation, la mise en scène, la chorégraphie – à son action.

Il en trouvera une première application dans l'Église catholique qui, au début des années 1960, vivait les derniers moments des messes en latin, du jeûne eucharistique et des processions extérieures dont la plus solennelle était celle de la Fête-Dieu, dans la chaleur d'un dimanche de juin. Raymond revêtira, à son plus grand plaisir, la soutane noire et le surplis blanc des enfants de chœur pour assister le nouveau curé, Albée Forget, aux liturgies du dimanche. Cet homme bon et simple connaissait fort bien la région de Lanaudière pour y avoir exercé son ministère dans six villages avant de se retrouver à Saint-Damien-de-Brandon en 1964. C'était un curé de campagne comme on les imagine dans les romans chrétiens : proche de son monde, généreux de son temps, respectueux des enfants que les familles lui confiaient pour le seconder dans ses tâches liturgiques. Il porta la soutane jusqu'à ce que le clergyman s'impose aux prêtres catholiques comme il l'était depuis longtemps pour les pasteurs protestants. Ce fut la seule concession qu'il fit aux modes de son temps, car il n'abandonna pas le cigare dont les volutes empestaient les passagers de son automobile, y compris les enfants de chœur les plus dévoués qu'il récompensait chaque année en les emmenant au Parc Belmont, à Montréal, ou au Jardin zoologique de Granby. Raymond, qui devait se lever tôt le dimanche matin, prit l'habitude, avec l'accord du curé, d'aller dormir la veille dans l'une des chambres vides du presbytère. Le lendemain, à l'aube, il se rendait à l'église avant la première messe pour empiler les *Prions en Église* qui seraient offerts aux fidèles, repérer les cassettes des chants qu'on ferait jouer, balayer les allées de la nef. Il fit alors la connaissance de l'aîné des quatre fils de l'épicier du village dont il restera proche toute sa vie.

Michel Émery n'avait que trois mois de plus que Raymond ; néanmoins, il le dépassait presque d'une tête. Contrairement à ce dernier, plutôt délicat, il affichait une carrure qui annonçait l'adulte de bonne taille qu'il deviendrait. S'ils étaient fort différents l'un de l'autre, ils partageaient le même plaisir à aider le curé Forget dans ses tâches, surtout à ramener à la maison leur soutane qu'ils revêtiraient pour mimer les gestes qu'ils avaient appris à l'église, dans un jeu alors populaire chez les enfants de chœur. Les répons latins qu'ils avaient dû apprendre sans en saisir un seul mot, ce qui rendait cette langue mystérieuse plus sacrée, leur servaient maintenant à « jouer à la messe ». L'un comme l'autre avaient construit chez eux un autel de fortune où une coupe en plastique jaune tenait lieu de calice doré, une mie de pain aplatie au fer à repasser, d'hostie, et du jus de betterave ou une eau gazeuse à saveur de cidre, de vin. Pour les prières, rien de plus simple : il suffisait de déposer un missel sur une bûche, qui remplaçait le lutrin. Raymond, lui, encouragé par sa mère qui lui avait taillé une chasuble et une étole dans un tissu de couleur, ne se contentait pas de célébrer sa messe : il exigeait que des fidèles y assistent ! Si Michel, Manon et Gilles, ses frères et sa sœur plus âgés, refusaient souvent, Francine, sa petite sœur d'une année sa cadette, ne pouvait se dérober à l'obligation de s'agenouiller au pied de son frère pour servir sa messe, et même sonner la clochette – comme à l'église ! – à l'élévation du pain et du vin.

***

Le modernisme qui soufflait sur le Québec des années 1960 allait faire disparaître ce jeu de la vie des garçons.

Très bientôt, tout ce qui serait lié au passé deviendrait gênant. En 1961, Saint-Damien-de-Brandon avait démoli sa vieille église pour la remplacer par un nouveau temple dont le style ressemblait à celui de ces chapelles qui se multipliaient alors autour des lacs, où les chalets des touristes poussaient comme des champignons. Et l'année même où Raymond termina son cours primaire, en 1965, le vieux couvent allait aussi être démoli sans soulever aucune émotion. Une toute nouvelle école, « mieux adaptée aux besoins de notre époque », précisait le prospectus la décrivant, le remplacerait.

Ce puissant vent de changements allait toucher l'école secondaire où Raymond allait entrer en septembre 1965 pour les quatre années suivantes. Elle était située à Saint-Gabriel-de-Brandon, à une dizaine de kilomètres de chez lui. Les frères du Sacré-Cœur, qui y enseignaient depuis 1921, portaient encore la soutane et s'appelaient par leurs noms religieux. Mais le respect qu'ils suscitaient dans la population depuis des siècles s'effritait. En visite à l'Exposition universelle de 1967 à Montréal, quelques-uns d'entre eux seront insultés dans le métro – inauguré l'année précédente – par de jeunes gens qui imiteront sous leur nez le croassement des corneilles auxquelles leur robe noire renvoyait supposément. La réforme liturgique et vestimentaire issue du concile Vatican II, qui s'était terminé en 1965 dans l'Église catholique, allait leur permettre de se glisser dans l'anonymat. Au début de l'année scolaire de 1968, ce sont des frères vêtus en laïcs et qui avaient repris leurs noms civils qui accueillirent les élèves.

Seul dans la vie

À cette époque, une tout autre réalité préoccupait Raymond. S'il épatait toujours ses camarades avec sa facilité à apprendre, ce sont les relations avec son père qui s'étaient détériorées au point de lui rendre la vie insupportable. Lui-même ne faisait rien pour améliorer les choses. À un âge où l'on tente de se fondre dans un groupe de copains, il s'était rapproché des mauvais garçons de l'école, sans doute pour se protéger contre d'éventuels harceleurs que sa taille délicate aurait pu rameuter. Depuis le début de son secondaire, il fumait la cigarette, qu'il pouvait se procurer en travaillant, les week-ends et pendant les vacances d'été, dans un restaurant de Saint-Gabriel. Il se mettra bien vite aux drogues qualifiées de « douces », et il ne dédaignera pas, à l'occasion, l'alcool que ses nouveaux amis volaient dans les chalets. Il était, lui aussi, devenu un dur.

À la maison, la vie lui pesait de plus en plus. Entre son père et lui, la rupture était inévitable. Elle se produisit en mai 1969. Sa mère ne fit aucune objection à son départ. Elle profita de l'absence de son mari pour aider Raymond à préparer sa valise. Elle avait insisté pour lui appeler un taxi qui le reconduirait à Saint-Gabriel-de-Brandon, où une famille l'attendait. Il était sorti sur la galerie, avait fait quelques pas dans le rang des Mondor. Le ciel était encore clair en ce début de soirée. Il se rappela qu'à l'église le curé Forget célébrait la cérémonie du mois de Marie. Il y avait quelques années à peine, il pouvait encore l'assister dans le chœur, vêtu de la soutane et du surplis blanc. Comme ce temps était loin !

À seize ans, Raymond Gravel savait qu'il devrait désormais se débrouiller seul dans la vie.

Chapitre 2

« J'ai vingt ans et je veux vivre »

Dans les années 1960, Saint-Gabriel-de-Brandon connaissait son âge d'or touristique. Les grandes scieries qui avaient assuré le développement de cette petite ville de quatre mille habitants avaient fermé les unes après les autres, remplacées, à partir des années 1930, par des hôtels qui, durant la saison estivale, attiraient des milliers de gens sur les bords du lac Maskinongé, dont la plage de sable fin rivalisait avec celles de la côte est américaine. Des dizaines de nouveaux mariés venaient en voyage de noces dans cette « perle » lanaudoise, comme on l'avait désignée ; les vedettes de l'heure défilaient dans les salles de spectacles, qui affichaient complet de juin à septembre. Avec un peu de chance, les visiteurs pouvaient croiser Pierre Lalonde, Michel Louvain, les Classels, les Hou-Lops, les Baronets, les Bel Canto, Michèle Richard, Ginette Ravel. Des lieux comme le Manoir du lac, l'Hôtel des Laurentides, le Château

Bellevue et le Pavillon blanc évoquent des fêtes qui se terminaient tard dans la nuit, alors que la police devait réguler le trafic dans les rues congestionnées, sans se préoccuper le moins du monde de l'alcoolémie des automobilistes.

Cette atmosphère convenait parfaitement à Raymond, qui ambitionnait d'y vivre pleinement sa nouvelle liberté. Dès le début de ses études secondaires, il avait vite échappé à l'autorité paternelle en se faisant engager, l'été, comme plongeur dans un des multiples restaurants qui s'étaient greffés au réseau hôtelier. Son père avait protesté, non pas qu'il voulait ramener son fils aux travaux des champs (contrairement à ses frères, jamais Raymond ne l'avait vraiment aidé sur la ferme), mais parce qu'il le jugeait bien jeune pour affronter la vie. Encore une fois, son père avait été incapable de trouver les mots qui auraient convaincu son fils, qui n'en avait fait qu'à sa tête – un autre trait de caractère qui ne le quittera jamais. Et si Raymond avait commencé à fumer très tôt, ce fut d'abord pour se donner une contenance, se vieillir aussi, lui dont le physique délicat et la voix flûtée attiraient l'attention et faisaient se méprendre l'observateur sur la virilité de ce garçon.

À seize ans, après avoir quitté la maison familiale, tout lui semblait désormais possible. Il avait planifié ce départ. Il savait qu'il pourrait être hébergé à l'Hôtel Allard, un établissement familial situé au cœur de la ville, propriété d'un couple sans enfants, Roméo et Simone Allard. Ils ne proposaient rien des chaudes nuits de leurs concurrents, seulement une table honnête, des chambres confortables pour les visiteurs, et un bar le plus souvent fréquenté par une clientèle locale. Avec sa façade en brique rouge, ses auvents aux fenêtres du second étage et son toit mansardé, l'Hôtel Allard évoquait ces auberges françaises de style Second Empire que l'on trouve dans les stations balnéaires de province. Les propriétaires avaient accueilli le jeune Raymond comme ils l'auraient fait pour leur propre fils. Logé dans une petite chambre sous les combles, il n'avait pour seules responsabilités que de contribuer au ménage et à l'entretien général des pièces de l'hôtel. S'ils étaient nombreux à Saint-Gabriel-de-Brandon à plaindre ce « petit gars », lui avait trouvé en Roméo et Simone Allard non pas des parents de substitution, comme aurait pu le faire croire sa situation, mais le calme affectif dont il avait tant besoin. La semaine, il pouvait se rendre à pied à l'école secondaire Sacré-Cœur. Les week-ends, il se trouva un emploi dans un autre restaurant, cette fois-là en cuisinant des mets « chinois » au goût américain comme les aimaient alors les Québécois. Et le soir, une fois ses travaux terminés à l'Hôtel Allard, il regagnait sa petite chambre avec un sandwich et une boisson gazeuse pour, jusque tard dans la nuit, apprendre ses leçons et rédiger ses travaux scolaires. « J'aimais ça, vivre là », dira-t-il simplement, quarante-cinq ans plus tard, en évoquant la vie dans cet hôtel qui existe encore mais qui n'appartient plus depuis longtemps au couple qui lui a donné son nom.

Le jour, un autre Raymond Gravel se révélait à tous, en particulier à ses nouveaux camarades scolaires. Ses premières années d'études secondaires lui avaient fait apprécier les talents d'éducateurs des enseignants. Autoritaires mais justes, distants mais aimables, ces hommes ne l'éloignaient pas trop d'une foi qui lui parlait encore, même s'il trouvait peu de temps pour assister à la messe du dimanche à l'église de Saint-Gabriel-de-Brandon. Un Raymond boute-en-train et joueur de tours prendra toutefois le dessus sur l'élève modèle qu'annonçaient ses notes scolaires. La bande de garnements à laquelle il s'était intégré n'aimait rien de mieux que de se moquer de ces religieux en soutane. Les cordons que les frères portaient autour du cou pour soutenir leur crucifix étaient accrochés à leur insu aux rampes d'escalier qu'ils descendaient en précédant les élèves, provoquant des chutes qui auraient pu être dramatiques, mais qui ne suscitaient que des rires chez les coupables. Les statues de plâtre de saints et de saintes qui ornaient presque chacune des pièces de l'école étaient dissimulées en équilibre instable dans des placards et des armoires et venaient se fracasser sur le plancher dès qu'on en ouvrait la porte. Les frères enseignants, habitués à ces frasques qui égayaient les élèves, n'en recherchaient même plus les responsables.

Un après-midi, pourtant, le titulaire de la classe de Raymond se vit réserver une surprise qu'il ne trouva pas drôle. En pénétrant dans la pièce du second étage pour y donner son cours, il aperçut trente regards affolés, tournés vers l'une des fenêtres. Il repéra, de dos, un enragé frappant de toutes ses forces sur les mains de quelqu'un qui, de l'extérieur, s'accrochait au rebord de la fenêtre en hurlant de peur. Il reconnut vite un de ses élèves, qu'il repoussa violemment pour se porter au secours de la victime. Se penchant à la fenêtre, il rencontra le sourire moqueur d'un Raymond nullement en danger, le bout des pieds bien posés sur une saillie du mur de briques. Toute la classe s'esclaffa. Le religieux, un costaud, s'empara de l'adolescent par les bras et lui fit survoler un ou deux pupitres avant de l'asseoir sans ménagement sur sa chaise.

Les frères *taponneux*

Ce sont ces frères enseignants que, toute sa vie, Raymond Gravel ne cessera de défendre, même quand l'opinion publique ne retiendra que le côté sombre de leur œuvre. Celui-là aussi, il le connut. Il était en première année du secondaire quand un religieux s'était collé dans son dos et l'avait retenu fermement par la taille. Il avait glissé sa main droite sous son t-shirt, lui avait flatté les seins, était descendu jusqu'au ventre… Raymond s'était dégagé brusquement de cette emprise, s'était retourné et avait regardé le frère droit dans les yeux. Le religieux avait paru surpris, puis gêné. Raymond s'était attendu à ce qu'il s'excusât. Il n'en avait rien fait. Il avait dégrafé le ceinturon de cuir que tous les frères du Sacré-Cœur portaient à la taille, l'avait enroulé autour du cou de Raymond, avait serré quelque peu, avait souri. Puis, sans mot dire, il avait remis son ceinturon autour de sa soutane, avait porté l'index de la main droite à ses lèvres, et avait murmuré : « Chut. » Raymond avait compris le message : si tu révèles à quiconque ce qui vient de se passer, c'est ce qui t'attend.

Avait-il songé à dénoncer ce frère ? Non, tant il savait que la démarche aurait pu se retourner contre lui. L'adulte qui recevrait ses confidences finirait inévitablement par décréter qu'un bon religieux ne peut attenter à la pudeur d'un garçon que si ce dernier le provoque, l'excite. Et puis ce garçon n'exagérait-il pas l'importance d'un simple geste d'amitié, ne mentait-il pas en voulant se venger d'une mauvaise note à un examen, ne tentait-il pas de se faire remarquer, ne souffrait-il pas, sans le savoir, d'un quelconque problème émotif? Dans la société québécoise de l'époque, beaucoup d'adultes devinaient ou connaissaient les abus de quelques hommes d'Église envers les enfants et les adolescents qui leur étaient confiés; personne n'en parlait. Des évêques aux directeurs de collèges, la seule initiative consistait à déplacer les pédophiles, qu'entre eux les élèves appelaient les *taponneux*.

À l'école secondaire Sacré-Cœur, un autre frère connut ce sort quelques mois plus tard. Il avait été surpris dans les toilettes à agresser un adolescent plus que par de simples attouchements. La faute était trop grave et trop publique. La semaine suivante, le frère avait disparu de l'école sans que personne sache ce qu'il en était advenu. Raymond ne se souviendra d'un geste que l'Église catholique elle-même qualifie de pervers que pour insister sur le comportement irréprochable de la majorité des religieux qui lui ont enseigné et qui ont vu la beauté de leur apostolat souillée par les écarts odieux de quelques-uns.

À cette époque, il entreprendra la rédaction d'un journal personnel qui, les vingt années suivantes, recevra ses confidences. Il ne s'adressera à lui qu'avec des «Bonjour, toi», «Bonjour, cher ami», «Comment ça va?», comme s'il voulait recréer dans ses cahiers, qu'il datera avec soin, cette présence et cette chaleur humaines qui lui manquaient tant. Pendant deux décennies, ce nouvel ami sera le témoin de ses joies et de ses peines, de ses victoires et de ses échecs, de sa lente remontée vers la lumière par des chemins contradictoires et parfois inexplicables.

En 1968, au moment même où Raymond et sa bande de mauvais garçons harcèlent les frères et se grisent à l'alcool, il colle dans son journal la photo de presse du pape Paul VI, celle de la cérémonie d'intronisation du nouvel évêque du diocèse de Joliette, Mgr René Audet, et celle du supérieur de l'Ordre des Trinitaires de la province de Québec, une communauté universelle fondée en 1193 par saints Jean de Matha et Félix de Valois et à laquelle il songe à adhérer. Il n'entreprendra toutefois aucune démarche, estimant que cet appel devrait d'abord traverser l'épreuve du temps pour être entendu, jugeant que le vœu d'obéissance qui serait exigé de lui convenait mal à sa soif de liberté. C'est la vie, la vie sans obstacle, qui, pour l'heure, l'attirait. Il y plongera à fond.

Cette même année, il élargira son réseau d'amis en faisant la connaissance de la fille d'un restaurateur, Linda Clermont, une adolescente de son âge dont la beauté faisait tourner les têtes, et de Claude Paquin, de deux ans son aîné. Ce fils de mécanicien, qui terminait ses études secondaires, avait lui aussi commencé à travailler très jeune, l'été et les week-ends. Toujours tiré à quatre épingles, grand et mince, calme et sûr de lui, il ne passait pas inaperçu dans cette faune fiévreuse qui finissait ses soirées au Cavo, l'une des boîtes à la mode de Saint-Gab, ainsi que les habitants désignaient leur ville. Avec Denis G. – un autre camarade d'école à qui il s'attachera comme à son ombre et qu'il décrira comme « sa joie de vivre » –, Claudette T. et Josée B., deux jolies adolescentes, peu à peu se constituera autour de Raymond un cercle d'amis qui lui resteront fidèles, certains pour toujours. Ce sont ces nouvelles amitiés qui lui permettront, la fête terminée et la solitude de sa chambre d'hôtel retrouvée, d'échapper à cet abîme de tristesse que lui cause la rupture avec sa famille. S'il revoit sa mère de temps à autre, c'est toujours en cachette, à la sauvette, avec un débordement d'amour dont il a tant besoin. Il apprendra alors à porter en public le masque du «Jean qui rit» et à ne dévoiler qu'aux intimes celui du «Jean qui pleure».

En juin 1971, il terminera sa quatrième année du secondaire pour migrer, en septembre, vers l'École secondaire polyvalente Thérèse-Martin, à Joliette. Il s'agit de l'un de ces immenses bâtiments qui, avec la réforme de l'éducation des années 1960, ont surgi en périphérie des petites villes du Québec pour accueillir ces milliers d'élèves issus du baby-boom d'après-guerre. Il y fera sans effort et sans émotion particulière sa cinquième secondaire et ses classes préparatoires aux études supérieures ou scientifiques, les C.P.E.S. Il aurait pu entreprendre ensuite ses études collégiales à Joliette, dans cet ancien séminaire où les clercs de Saint-Viateur enseignaient depuis 1847 et que les changements scolaires et sociaux rendaient désormais accessible au plus grand nombre. L'université lui aurait ainsi été ouverte. Il choisit une tout autre voie, que seul le stress constant que lui causait le manque d'argent peut expliquer. Ce surdoué, qui aimait la religion, l'histoire, la littérature et qui émaillait son journal personnel de poèmes, abandonna ses études pour entrer, en septembre 1972, comme commis à la succursale de la Banque Canadienne Nationale[9], rue du Roi, à Sorel.

---

9. Aujourd'hui la Banque Nationale du Canada.

En terminant son secondaire à Joliette, il n'avait pas quitté sa petite chambre de l'Hôtel Allard, à laquelle il tenait comme à un refuge. En autobus, soir et matin, il avait fait quotidiennement le trajet entre les deux villes. À Sorel, il louera, rue de la Reine, près de la rivière Richelieu, une petite chambre qu'il trouvera pratique parce qu'elle est située à moins de dix minutes à pied de son travail. Il n'en retournera pas moins chaque vendredi soir à Saint-Gabriel-de-Brandon. Entre son ancienne vie d'étudiant et sa nouvelle existence, la jonction n'était pas encore faite. Il n'avait abandonné ni Saint-Gab, ni ses amis avec qui il aimait faire la fête. Le dimanche soir, dans la Coccinelle de Claude Paquin, il revenait prendre à Saint-Ignace-de-Loyola, près de Berthierville, le traversier qui l'amenait sur l'autre rive du fleuve. Linda Clermont les accompagnait toujours. Il se souviendra des déchirements de leurs séparations, dans la pâleur des fins de journée d'un automne qui s'étirait. Claude et Linda attendaient sur le quai que le bateau se fût éloigné du rivage. Sur le pont, Raymond répondait de la main à leurs salutations qui ne se terminaient que lorsque leurs regards s'étaient perdus. Le vendredi suivant, d'un pas léger, une petite valise à la main, il quittait sa chambre pour marcher jusqu'au débarcadère de Sorel; sur l'autre rive, fidèles et ponctuels, Claude et Linda l'attendaient inévitablement.

Montréal est une fête
Étrangement, il confie à son journal qu'il « adore » son travail à la banque : « Je crois avoir découvert ma profession. » Pour lui, « chaque jour est nouveau ». Ce sont toutefois moins les colonnes de chiffres qui

lui procurent ce sentiment que la camaraderie des employés, très majoritairement des femmes. Pourtant, il se cherche. « Il m'arrive souvent de faire des bêtises, sans y penser sérieusement. » Cinq mois plus tard, en février 1973, après avoir passé la période des Fêtes dans une ville dont il dira garder « un excellent souvenir », même s'il avouera ne s'y être jamais senti chez lui, il quittera son emploi en espérant se faire embaucher par une banque montréalaise. C'est alors moins sa carrière qui l'intéresse que la liberté que pourrait lui procurer l'anonymat de la métropole. Il veut surtout y rejoindre ses amis Claude Paquin et Linda Clermont qui s'y sont trouvé du travail, lui au Canadien National, elle chez Bell Canada. Claudette T. et Josée B. les y ont suivis, et, avec d'autres, ils partagent des appartements dans le secteur des rues Beaubien et Boyer, non loin de cette Plaza Saint-Hubert que la publicité télévisée leur avait rendue familière. Peu à peu se constitue un petit ghetto de Brandoniens qui cherchent, comme tous les migrants du monde, la sécurité dans l'entraide. Ils partagent leurs repas, se prêtent de l'argent qu'ils ne se réclament que rarement, se divertissent ensemble.

Raymond viendra les rejoindre au début du mois de mars, après s'être trouvé un emploi de caissier dans une succursale de la Banque de Montréal. Il cohabite d'abord avec Linda et Josée ; puis, quelques mois plus tard, il partagera le logement de Claude. Pour lui, Montréal est une fête avec des sorties tous les soirs dans les discothèques, avec la possibilité de s'éclater sans être reconnu. Il aime danser, et il est bon danseur. Il y fait des rencontres d'une nuit. Ses relations sont éphémères et se terminent souvent sans promesses de lendemains.

Raymond sait depuis longtemps, connaissant les pulsions de son corps et les attirances qu'elles lui commandent, que sa vie ne sera jamais facile. Malgré la libération des mœurs et un début de tolérance publique, dans beaucoup de milieux sociaux et professionnels, ses semblables doivent se cacher pour exprimer ce qu'ils sont. Et s'il parsème son journal de phrases telles que « Montre-moi, Seigneur, le chemin qui m'est tracé de toute éternité », il sait que, dans cette Église catholique qui dit représenter sur terre ce Dieu qu'il aime, il est un déviant, un pervers, un exclu. Est-ce pour cela qu'il continue de s'étourdir, de paraître le jour le contraire de ce qu'il est la nuit, soutenu par des substances chimiques qui deviendront aussi indispensables pour lui que l'air qu'il respire ?

Raymond aime être vêtu à la dernière mode, désire ce qu'il y a de mieux et soignera son apparence jusqu'à subir une coûteuse implantation capillaire pour cacher un début de calvitie précoce. Il fume beaucoup de cigarettes, boit un peu, a commencé à prendre, pour pouvoir se garder réveillé – pour l'effet anesthésiant aussi – des amphétamines en comprimés, des *speeds*, qu'un pharmacien complaisant lui livre en sacs. Il en distribue à qui en veut et il ira jusqu'à en revendre. « J'ai vingt ans et je veux vivre ! » note-t-il dans son journal. Ces mots forment plus qu'un programme de vie, ils sont un cri qui le mènera aux pires excès.

Frondeur, débrouillard, il trouvera vite un moyen de se procurer cet argent qui lui fait tant défaut. Une petite annonce dans le *Montréal-Matin*, quotidien populaire, attire son attention : on recherche des *escortes* mâles. Il sait très bien de quoi il s'agit, et à quoi on lui demandera de s'engager. Il se rend à l'adresse de l'agence, s'y fait photographier vêtu seulement d'un slip, dans les poses les plus suggestives. Il a certes vingt ans, presque vingt et un, mais il ne les fait pas. Ses photos sont glissées dans un album que d'éventuels clients peuvent consulter. L'agence les mettra en communication avec lui, en prenant au passage la moitié du tarif que son physique d'éphèbe justifie : cinquante dollars la passe, la moitié du salaire hebdomadaire d'un bon ouvrier ! Cette fois, il ne connaîtra pas le romantisme des rencontres entre jeunes gens de son âge. Il est devenu une marchandise, un appât pour ces hommes « qui ne sont pas les plus beaux du monde ». Il découvrira la complexité des désirs d'une humanité qu'il apprendra à connaître à la dure, les demandes spéciales d'hommes qui arrivent à leur rendez-vous en complet-veston de la meilleure coupe et qui, une fois nus, sans cet artifice de leur position sociale, se transforment en brutes dangereuses. L'un d'eux, qui l'aura attendu dans un hôtel cinq étoiles, ne trouvera la jouissance qu'en le frappant jusqu'à ce qu'il en perde presque connaissance. Raymond ne s'en plaindra pas à l'agence. L'esclave sexuel des temps modernes a renoncé à ses droits. C'est donc un ami aux gros bras qui, discrètement, se rendra avec lui à la chambre de ce client pour lui administrer, en guise de représailles, une solide correction.

D'autres clients seront plus gentils, attendrissants même. Un vieux professeur d'origine française deviendra un habitué de ces rendez-vous rapides et sans douleur. Il habite boulevard Saint-Joseph, sur ce Plateau Mont-Royal qui s'embourgeoise. Raymond a-t-il besoin d'argent qu'il lui téléphone. Il est toujours prêt à recevoir un aussi gentil jeune homme. Les honoraires du plaisir seront vite dépensés le jour même, échappant à la ponction de l'agence que Raymond a choisi d'ignorer en se constituant, peu à peu, une clientèle d'assidus. Le jeu est dangereux, il le sait. Ce genre d'entreprises est contrôlé par des gens que l'on n'a pas intérêt à tromper. Il n'en a cure, estimant que lorsqu'il fait lui-même le racolage il n'est que normal qu'il en garde tous les profits. D'ailleurs, il a commencé à frayer dans un nouveau milieu, celui des artistes, qui n'ont pas l'habitude de recourir à de telles agences. Il surprendra même ses colocataires de Saint-Gab en laissant une vedette de la télévision le ramener à la maison. Taquin comme toujours, il s'amusera de leurs mines surprises.

Certaines aventures se terminent de façon étonnante. Un camionneur, dans la quarantaine virile, l'accueillait à chacun de ses passages à Montréal dans un motel de l'est de la ville. Raymond le trouvait si beau qu'il aurait même omis de lui réclamer de l'argent pour le revoir. Mais celui qui avait deux fois son âge ne profita pas de cette faiblesse. Il s'était peut-être lui-même pris d'affection pour ce jeune homme. Un jour, avant de le quitter, il lui demanda : « Pourquoi fais-tu cela ? » Raymond ne put que répondre : « Pour l'argent. » La réplique le surprit : « Tu devrais sortir de ça, le jeune. Il n'y a aucun avenir dans ce métier. » Raymond ne le revit plus. Il se dit qu'avec cet avertissement cet homme se sermonnait lui-même. De retour à la maison, après des jours sur les routes de l'Amérique, l'homme était peut-être accueilli par une femme et quatre enfants qui le comblaient d'affection... Raymond avait trop connu de ces pères de famille qui ne trouvaient la véritable extase qu'en caressant le corps d'un adolescent pour ne pas penser que son beau camionneur était l'un de ceux-là et qu'un moment, un seul et court moment, il avait vu en lui l'un de ses fils.

« Je ne suis pas resté très longtemps dans la prostitution », assurera-t-il en narrant cette scène. Il abandonnera, en effet, le « métier » après avoir été agressé par un de ses clients. Il se retrouvera à l'hôpital, où il sera opéré par un chirurgien qui le traitera comme un moins que rien, sachant trop bien la cause de ses blessures. « Je ne voulais pas vivre une vie d'homosexuel. Je n'étais pas bien là-dedans », reprendra Raymond Gravel, comme pour minimiser sa responsabilité dans cette période de son existence qu'il ramènera à « quelques mois » et dont, une fois devenu prêtre, il laissera volontiers croire qu'elle avait immédiatement suivi son départ de la maison paternelle, à seize ans. Beaucoup se laisseront prendre par cette image de l'adolescent battu qui, arrivé sans ressources dans une métropole hostile, devra, pour survivre, se prostituer sans l'avoir vraiment voulu et qui, quelques années plus tard, rencontrera le Christ qui le sauvera. Cela ressemble à l'évolution classique du mécréant qui ne doit sa conversion qu'à un nouveau chcmin de Damas et qui, pécheur, accède à la rédemption par l'abandon total à un dieu invisible qui lui a parlé. Raymond Gravel, lui, ne perdra jamais la foi ; ce seront les exigences d'un corps trop nerveux et qu'il était incapable de contrôler qui, en apparence du moins, l'en éloigneront.

Cette vie d'enfer
En novembre 1973, un drame lui fera prendre conscience de la fragilité de cette vie sur terre. Son camarade d'école

secondaire, Denis G., se tuera dans un accident d'auto-mobile. Il est effondré. « C'est lui qui m'a fait découvrir mes talents, mes capacités et ma puissance dans cette vie, écrit-il alors. [...] Adieu, Denis, tu es mort physiquement, mais tu resteras toujours dans mon cœur. »

Raymond apprendra la nouvelle dans un moment de grand désarroi, alors que Claude est parti étudier une année à Londres, en Angleterre. Claude, qui ne consommait pas de drogue, acceptait mal ses excès. Entre eux, les relations s'étaient refroidies quand il avait surpris Raymond dans un lit entre deux hommes, une seringue dans chaque bras, s'injectant avec eux du *crystal meth*, une amphétamine dont les effets euphorisants et stimulants sont immédiats et intenses. C'en était trop. Claude était incapable de voir son ami se détruire ainsi. Raymond avait constaté avec peine son changement d'humeur, mais il n'avait rien modifié dans ses habitudes. Il était rendu trop loin pour pouvoir interrompre du jour au lendemain « cette vie d'enfer ». S'il s'avouait « gelé tout le temps », s'il suppliait le Seigneur de lui venir en aide, le lendemain ou la semaine suivante, quand il avait repris quelques forces, il essayait une nouvelle drogue, celle qui s'offrait au hasard des rencontres et qu'il était incapable de refuser. Du *crystal*, il notera : « Le feeling est très bon, mais je sais très bien que c'est dangereux. Je vais être très prudent avec ça à l'avenir. » Prudent ? Pour s'éloigner des drogues trop fortes, il reviendra aux *speeds*, dont il abusera pendant des années, comme un alcoolique se débarrasse du whisky en se soûlant au vin.

Ses abus sont d'autant plus réguliers qu'il peut compter sur cette admirable machine qu'est son corps, qu'il ne ménagera pas. S'il se plaint souvent de la fatigue, il n'est jamais malade. Ceux qui ont partagé ses appartements se souviennent de son régime alimentaire très particulier : du maïs Niblets en conserve pour le souper, avant de repartir pour une autre nuit de fête ; quatre ou cinq biscuits Oreo double crème au petit-déjeuner, avec une bière Carlsberg pour faire passer le tout, et un autre *speed* pour affronter sa journée de travail. Et, parfois, un bon steak, un plat simple à préparer qu'il affectionnera toute sa vie.

À son arrivée à Montréal, caissier à la succursale de la Banque de Montréal des Galeries d'Anjou, il avait conquis ses collègues par son entrain, sa bonne humeur. Il fut vite reconnu comme le joueur de tours du bureau. Quelques-unes de ses blagues ont contribué à bâtir sa réputation.

Sa banque, modeste, s'ouvrait sur l'intérieur du centre commercial. On pouvait avoir accès au comptoir sans même y entrer. Deux dames pressées lui ayant commandé des hot-dogs *relish*-moutarde avec une boisson gazeuse, il se retourna et répéta la commande à voix forte à un cuisinier imaginaire. Puis il fit gentiment patienter ces clientes en leur faisant la conversation. Quelques minutes plus tard, il leur dit : « Reculez, mesdames, reculez », et, du doigt, leur indiqua l'enseigne au-dessus de sa tête : Banque de Montréal.

À un nouvel employé, il fit croire qu'il était de coutume d'annoncer l'ouverture de la banque en se promenant dans le centre commercial, une cloche à la main, en s'écriant : « La banque est ouverte, la banque est ouverte ! » Le nouveau s'exécuta docilement pendant quelques jours. À un autre, il choisit de faire l'initiation en lui demandant d'arroser chaque matin la plante verte à l'entrée de la succursale. Artificielle, elle ressemblait à une vraie.

Mais Raymond, malgré ses airs superficiels, était un bon employé. Il avait attiré l'attention de l'entreprise par son application au travail, sa volonté constante de se perfectionner en s'inscrivant à toutes les sessions de formation, en s'intégrant parfaitement à un environnement professionnel qui privilégiait la langue anglaise. Il tenait son *level* à jour, réussissait ses examens de *foreign exchanges* pour travailler aux *liabilities* et aux *loans,* des mots qu'il ne prenait même plus la peine de traduire. S'il trouvait gênant de devoir d'abord répondre «Bank of Montreal» au téléphone, il ne remettait nullement en question les politiques de l'entreprise, dont il gravira les échelons à mesure qu'il changera de succursales, passant de caissier à Anjou à assistant-gérant à Montréal, de directeur administratif à Laval avant d'être promu, en juin 1976, à la division des prêts hypothécaires de «la Quebec Division, boulevard Dorchester West», écrit-il ainsi dans son journal, en concluant: «J'aime bien ça.»

Ce parcours sans faille ne s'accomplira pas sans qu'il y révèle un courage physique qui frisera l'inconscience. À la succursale de la rue Hochelaga, à Montréal, un voleur lui avait braqué un revolver sous le nez en lui hurlant d'ouvrir la chambre forte. Le geste l'avait insulté. «On ne me traite pas comme un chien», se souviendra-t-il. Il avait aussitôt appuyé sur le bouton qui se trouvait sous le comptoir et déclenché le système d'alarme. Toutes les portes de la succursale s'étaient verrouillées automatiquement. Le son strident de la sirène s'était fait entendre. Le voleur, pris en souricière, avait alors eu une réaction inattendue. Il aurait pu utiliser son arme. Paniqué, il a plutôt supplié Raymond de lui ouvrir la porte de la banque pour lui permettre de s'enfuir, mais ce dernier lui expliqua, avec force gestes, qu'il lui était impossible de s'exécuter, maintenant que le système d'alarme était déclenché... Le voleur fut cueilli quelques minutes plus tard par la police.

Un autre vol avait réussi, mais Raymond avait eu le temps de reconnaître l'un des voleurs, un malfrat notoire. Il insista pour porter plainte à la police. Il comptait bien témoigner au procès, même si des collègues l'avaient averti du danger personnel qu'il courait. La banque, de toute façon, était assurée contre les vols ; elle récupérerait son argent. Pourquoi risquer des représailles du milieu criminel en étant le seul à témoigner contre un de ses membres ? Là encore, l'argent de la banque l'indifférait. Mais son sens inné de la justice l'emportait sur tout. Il avait été témoin d'un vol, il avait reconnu le voleur, il était normal qu'il témoignât contre lui.

Il n'en eut guère le temps. Le bandit périt dans l'incendie du bar Gargantua, le 21 janvier 1975, rue Beaubien, à Montréal. Il avait eu la malchance de ne pas compter parmi les amis d'un certain Richard Blass, qui, voulant se venger, avait mis le feu à l'établissement. Il était mort avec douze autres personnes.

Le destin des hommes

Raymond s'est souvent interrogé sur le destin des hommes. Celui-là, qui venait de disparaître de manière atroce, aurait-il pu éviter de devenir cet être traqué ? Quelle part de fatalité avait guidé son évolution ?

Aurait-il pu, par sa simple volonté, changer son sort ? Jusqu'où sommes-nous vraiment maîtres de notre vie ? Lui-même, qui disait aimer son travail à la banque, pourquoi se mentait-il ? Il était malheureux. Boute-en-train le jour, il finissait ses nuits dans les brumes de l'alcool et « gelé tout le temps », en confiant sa peine à un cahier d'écolier. Parfois, ses colocataires l'entendaient pleurer, enfermé dans sa chambre.

À Noël 1973, après une rupture de quatre ans et demi, il avait repris contact avec son père. La rencontre avait été froide, mais correcte. « J'ai eu une belle bague en cadeau de mes parents », note-t-il le 27 décembre. Il a revu ses amis de jeunesse. Il prend conscience du temps qui fuit : « On ne se reconnaît plus. On pense que jamais on ne pourra accepter les changements, mais voilà que nous en sommes obligés. Et nous poursuivons notre route, et nous vieillissons. » Il vient d'avoir vingt et un ans !

Les années suivantes, il fera son voyage au bout de la nuit. De 1975, il dira : « Je l'ai commencée sur les *speeds* et je l'ai finie sur les *speeds*. » Il la terminera aussi avec des condylomes anaux. Il doit se faire opérer. Sa mère, sans lui poser de questions, viendra l'aider pendant sa convalescence à la maison.

Il vit désormais seul, avenue Christophe-Colomb. Ses amis ne l'ont pas abandonné, ils ont seulement évolué. C'était inévitable : le ghetto de Saint-Gab ne pouvait durer, il était appelé à se défaire. Claude a entrepris une carrière dans la coiffure. Claudette, Josée et Linda sont tombées amoureuses, elles vivent chacune en couple, l'une d'elles est mariée. « Je vous aime, les petites filles », leur confie-t-il. En 1976, le constat est encore plus triste : « Je bois pour rien et je prends des *speeds* pour rien. J'ai couché depuis quelque temps presque avec tout le monde et je ne sais où cela peut m'entraîner. Au contraire, je me cale davantage. »

Année après année, promotion après promotion professionnelle, il se ment à lui-même. Il se drogue tout le temps, « je ne sais plus quoi faire de mon corps », ses supplications prennent un tour pathétique : « Bon Jésus, aide-moi et permets que je sois heureux, toujours selon ta très sainte volonté. » Ta très sainte volonté ? On croirait à une sinistre blague, car il ne semble faire aucun effort pour changer ses habitudes qui le détruisent. Ses virées nocturnes lui amènent toujours des déceptions, alors que ses journées affichent toutes les apparences de la réussite.

En 1977, il emménagera dans un appartement luxueux, au quatorzième étage d'une tour d'habitation neuve de la rue Sherbrooke. Cette année-là, il commence à fréquenter le Lime Light, discothèque déjà légendaire de la rue Stanley qui donnait le ton à l'Amérique et où toutes les excentricités étaient permises et acceptées. Mais, au milieu de la nuit, en rentrant chez lui pour dormir enfin quelques heures, il écrit : « La tristesse plane au-dessus des toits lorsque le soir vient. Le regret et l'angoisse se font rois ; mais l'amour les combat jusqu'à ce qu'il ne reste trace de rien. » L'amour... Quel amour ? « Je suis toujours *speedé* et j'ai besoin d'aimer. Seigneur, pourquoi suis-je né ? Réponds-moi. »

Désormais, son journal personnel témoignera de cette recherche incessante, obsédante. « J'ai peur, Seigneur, j'ai peur de ma faiblesse. Je voudrais tant tout connaître. Guide mon chemin, permets que tout soit merveilleux jusqu'à la perfection de mon esprit. » Mais après chaque supplication, la rechute survient, comme inévitable, puis une autre… « Je n'en peux plus, j'ai besoin d'aide. Je n'arrive pas à retracer ma route. » Qui dit vrai ? Le jeune banquier appliqué qui donne satisfaction à ses patrons en réalisant ses *loans,* le drogué de l'ombre, l'homosexuel qui trouve rarement de plaisir dans l'expression de sa sexualité ? « Seigneur, il me manque quelque chose, car je ne suis pas heureux. »

À l'été de 1977, il ira s'isoler quelques jours au monastère trappiste d'Oka avec cette pensée : « J'ignore ce qui ne va pas, mon Dieu, mais j'ai besoin de toi. » Il n'y vécut pas de rencontre spirituelle spectaculaire. Il n'entendit pas de voix intérieure. Les moines qu'il voyait prier dans l'immense chapelle abbatiale n'étaient que des hommes vêtus d'une coule. Celui qui le servait en silence dans le petit réfectoire des visiteurs n'avait rien de particulier. Où était donc le Seigneur ? Un passage de la Bible, que chaque retraitant trouvait dans sa minuscule cellule, attira son attention. Il est dans le premier livre des Rois : « À l'approche du Seigneur, il y eut un ouragan, si fort et si violent qu'il fendait les montagnes et brisait les rochers, mais le Seigneur n'était pas dans l'ouragan ; et après l'ouragan, il y eut un tremblement de terre, mais le Seigneur n'était pas dans le tremblement de terre ; et après le tremblement de terre, un feu, mais le Seigneur n'était pas dans ce feu, et, après ce feu, le murmure d'une brise légère. Aussitôt qu'il l'entendit, Élie se couvrit le visage avec son manteau, il sortit et se tint à l'entrée de la caverne. »

Le Seigneur qu'il appelait depuis des années à son secours ne se manifesterait à lui que comme à Élie, sous la forme d'une brise légère. Le Christ qu'il recherchait ne frapperait pas à sa porte. Il ne ferait aucun miracle. Il ne lui apparaîtrait jamais. Mais il était là, présent, qui l'attendait… Il n'y eut pas de lumière descendue du ciel, il n'y eut pas de signes. «Dès lors, j'ai eu la certitude que je voulais être prêtre et que, pour le devenir, je saurais être abstinent», dira un Raymond Gravel qui fera de cette «brise légère» l'une des raisons de son apostolat.

Le jeudi 22 septembre 1977, il se rendra à la Faculté de théologie de l'Université de Montréal pour se faire tracer un programme d'études qu'il devra préalablement suivre pour pouvoir s'y inscrire. Il notera: «Aujourd'hui plus que jamais, je veux être prêtre. L'Amour pour moi signifie l'amitié, le don total de mon être au service de Dieu dans le monde d'aujourd'hui.»

Il a vingt-quatre ans. Désormais, il sait ce qu'il veut faire dans la vie. Il ne lui reste, pour vivre en communion avec le Christ qu'il veut servir, qu'à vaincre ses démons intérieurs.

Chapitre 3

Être saint Pierre et saint Paul

Quand il est entré à la Faculté de théologie de l'Université de Montréal, en septembre 1979, à l'âge de vingt-six ans, Raymond Gravel a cru avoir emprunté la voie la plus simple menant au sacerdoce – surtout celle qui correspondait le plus à ses valeurs. Il avait tant de fois écrit dans son journal intime qu'il désirait devenir prêtre « dans le monde d'aujourd'hui » qu'il lui paraissait essentiel d'y faire ses études théologiques. Le Grand Séminaire, qui formait pourtant la majorité des candidats au sacerdoce, lui paraissait présenter tous les inconvénients d'une serre chaude : les étudiants y vivaient entre eux pendant quatre années complètes, coupés de l'agitation de la ville, protégés des dangers de la vie. À Montréal, il n'avait qu'à voir l'aménagement de la vénérable institution de la rue Sherbrooke Ouest, entourée d'une grille et d'un portail de fer forgé, pour admettre qu'elle ne correspondait plus aux nécessités de la formation du nouveau clergé, qui, selon lui, se devait d'être en symbiose avec les fidèles.

Il avait donc voulu étudier la théologie sur le même campus que les étudiants qui optaient pour les sciences sociales, le droit ou la médecine. Ainsi, il prendrait le même métro qu'eux, partagerait les mêmes activités universitaires, participerait aux mêmes débats, consommerait une bière dans les mêmes bars. Pour lui, ce choix avait été d'autant plus facile qu'avec la réforme de l'éducation au Québec l'exclusivité de l'enseignement de la théologie avait échappé depuis 1967 au Grand Séminaire pour être intégré au campus principal de l'Université de Montréal. Cet enseignement s'ouvrait ainsi aux laïcs, hommes ou femmes, qui ne voulaient pas (ou ne pouvaient pas dans le cas des femmes) aspirer au sacerdoce. Si le Grand Séminaire, comme il le faisait depuis 1820 sous la direction des Sulpiciens, continuait de se spécialiser dans la formation des futurs prêtres, il n'était pas interdit à ces derniers de choisir plutôt l'université pour obtenir leur baccalauréat. Raymond s'était dirigé dans cette voie.

***

Pour lui, qui ne pouvait compter sur personne d'autre que lui-même pour payer ses études, cette décision comportait l'avantage de lui permettre de continuer à gagner sa vie. Mais, comme il étudiait la semaine, c'est le week-end qu'il devrait travailler. En dehors des banques, quel milieu connaissait-il le mieux que celui des boîtes de nuit ? Il démissionna de la Banque de Montréal en avril 1977, après s'être trouvé un emploi de serveur dans la plus célèbre d'entre elles, le Lime Light. De son travail de garçon de table où, dira-t-il plus tard dans une entrevue[10], « on se faisait pogner le cul tout le temps » et de son attitude envers les milieux gais que, devenu prêtre, il continuera de fréquenter lui viendra une réputation de « curé rose » qu'il traînera toute sa vie et qu'il contribuera, étrangement, à entretenir en même temps qu'il la combattra. « Je n'ai pas vécu en fonction de mon orientation sexuelle, insistera-t-il. J'ai été abstinent pendant presque toute ma vie de prêtre. Je n'ai jamais joué la comédie[11]. » On veut le croire sur parole. Car, dès lors qu'il aura décidé de devenir prêtre, il n'aura de cesse de rechercher l'abstinence sexuelle et de se sevrer de la consommation de drogues. Il le fera sans autre aide extérieure que sa foi, en se relevant de rechutes qu'il notera avec soin dans son journal – « Seigneur, je suis stupide. J'ai pris des *speeds* mais pardonne-moi quand même » – et qui s'espaceront avec le temps. Et s'il n'a rien fait pour modifier cette image du garçon de table superficiel et ouvert aux flirts, il ne fut serveur que durant trois mois bien comptés. Le 18 juillet 1977, il s'inscrira à un cours de barman qui lui permettra, au bout de deux semaines, de travailler « derrière le bar » et d'échapper aux attouchements. Ce nouveau métier, il le pratiquera encore une année au Lime Light, qu'il quittera en octobre 1978 pour se retrouver les trois années suivantes au Rendez-vous, un bar gai de la rue Sainte-Catherine Ouest, à quelques minutes de marche de la

10. Brunette, Patrick, *Raymond Gravel, le curé rose*, magazine *Fugues*, Montréal, édition du 2 juin 2005.
11. Entrevue avec l'auteur, le 26 mars 2014.

cathédrale Marie-Reine-du-Monde, où il se rendra souvent assister à la première messe matinale, après sa nuit de travail. Ses collègues, qui finiront par apprendre son projet de vie, prendront l'habitude de lui confier leurs petites peines et lui feront une fête lorsqu'il les quittera pour entreprendre ses stages préalables à la prêtrise. Quelques-uns viendront même assister à son ordination, huit ans plus tard.

Toute sa vie, Raymond Gravel ne reniera jamais ce milieu qui était le sien, ces gais dont on se moquait volontiers et qui étaient ses semblables. Beaucoup d'autres que lui, pour pouvoir accéder au sacerdoce, auraient menti sur leur passé. Il s'y est refusé, ne revendiquant toutefois pas son état comme un trophée. « Ceux qui ont à savoir que je suis homosexuel le savent. » Ce milieu l'avait accueilli à son arrivée à Montréal. Il l'avait fréquenté, il s'y était associé. Lorsqu'il avait décidé de se faire prêtre, ce milieu ne l'avait pas rejeté. Les homosexuels qu'il fréquentait ne s'étaient pas moqués de lui. Raymond avait continué à se dire qu'il était toujours des leurs et à les aimer, mais différemment. Son travail de barman gai qui voulait devenir prêtre avait tout pour susciter des moqueries. Ce ne fut jamais le cas chez les homosexuels. Il était sincère. Les gais respectaient son évolution. Ce n'est pas d'eux que viendra la plus grande intolérance.

***

Raymond luttera pour se débarrasser de ce « vieil homme » dont parle la Bible. Chez lui, ce vieil homme était celui des nuits qu'il traversait complètement « gelé » et des matins tristes où seul un autre *speed* pouvait relancer sa journée d'homme en apparence normal. Il vivra alors presque hors du temps, ne notant même pas les changements politiques qui s'opéraient au Québec après l'élection, le 15 novembre 1976, du Parti québécois, une formation dont il épousera pourtant avec enthousiasme les idéaux quelques années plus tard. Sa révolution était personnelle, pas collective, et lui seul pouvait la réussir. Il était à la recherche de nouvelles façons d'aimer, plus conformes à ce christianisme qu'il représenterait bientôt comme prêtre. « Aimer est un besoin et je ne veux pas m'en priver, écrira-t-il. Il est vrai qu'un amour peut être sublime sans même qu'il y ait de sexualité mais, enfin, je pense y arriver un jour. »

C'est à Rome, durant la Semaine sainte, qu'il approfondira le sens de sa future vie sacerdotale. Il s'y était rendu seul, en mars 1978, dans un pèlerinage qui l'aura mené dans les grandes basiliques, les églises et monuments de la Ville éternelle. Il y vécut le Mercredi saint sur la place Saint-Pierre, recevant avec deux cent mille pèlerins auxquels il s'était fondu la bénédiction du pape Paul VI très malade et qui allait mourir quelques mois plus tard, le 6 août 1978. « J'étais là moi aussi », notera-t-il avec candeur et fierté. Cette Église millénaire était désormais la sienne. Se sentait-il seulement prêt à parler, un jour, en son nom ? La conscience de son « imperfection » le hantait. Dans une lettre à un ami depuis Rome, il se déclarait « superficiel, faible et vaniteux ». La veille, il avait succombé à la tentation d'aller dans une discothèque gaie et d'y faire une rencontre. Il va clore ce voyage de deux semaines en se rendant, en train ou en autocar (il ne sait pas encore conduire une automobile), à Naples, Milan, Venise et Gênes. Il reviendra à Montréal le 31 mars en concluant : « Je pourrais très bien vivre en Italie, je pourrais m'adapter à la vie européenne. » Il en aura l'occasion.

Il lui aura fallu attendre septembre 1978 pour entreprendre ses études collégiales, lui qui n'avait terminé qu'une cinquième secondaire et ses C.P.E.S. – classes préparatoires aux études supérieures ou scientifiques. L'année précédente, la Faculté de théologie lui avait néanmoins crédité les cours de perfectionnement qu'il avait suivis durant sa carrière à la Banque de Montréal. Il lui fallait toutefois acquérir une base solide en philosophie. C'est à cette fin qu'il s'était inscrit au collège Marie-Victorin, au nord-est de Montréal. Il étudiera, entre autres, *La République*, de Platon, *Le Discours de la méthode*, de Descartes, les philosophes allemands du dix-neuvième siècle que sont Karl Marx, Friedrich Engels, Ludwig Feuerbach, *De la démocratie en Amérique*, d'Alexis de Tocqueville et *Le Féminisme au masculin*, de Benoîte Groult.

Tout semble le passionner. Il est un étudiant modèle qui assiste à tous les cours et il va suivre ceux qui peuvent lui apporter de nouveaux crédits qui le rapprocheront de son objectif. Cela le conduit au collège du Vieux-Montréal, toujours en philosophie, où il était allé chercher les crédits qui lui manquaient et qui ne se décernaient que là. « C'est très intéressant et je compte pouvoir m'inscrire à l'Université de Montréal en septembre prochain. » Il atteindra son but. Il est pressé. Un baccalauréat en théologie s'obtient normalement en quatre ans. Là encore, brillant, il apprendra avec facilité ; il poursuivra ses études au pas de charge, se voyant conférer le grade de bachelier en théologie (B. Th.) le 17 février 1982, « avec tous les droits, honneurs et privilèges qui s'y rattachent ». Il a vingt-neuf ans. Il peut devenir prêtre. Il aura pris un retard de seulement trois ans sur ses confrères. Au moins, cela lui évitera de se faire dire qu'il est « une vocation tardive », une expression qu'il déteste, car il n'est jamais trop tard pour répondre à l'appel du Seigneur.

« Ce bon curé »

En 1981, il s'était présenté à celui qui lui conférerait le sacerdoce, son futur évêque, Mgr René Audet, de Joliette. Pourquoi cette ville et non pas Montréal, où il vivait depuis dix ans ? Raymond voulait relever du diocèse où se trouvait sa paroisse natale, Saint-Damien-de-Brandon. Dans l'Église catholique, cela s'appelle « l'incardination », soit le rattachement d'un prêtre à un diocèse, une coutume vieille de plusieurs siècles. Des trois vœux que prononcent les membres d'une communauté religieuse – pauvreté, chasteté et obéissance –, seul celui de chasteté lui sera imposé. Il fera quand même promesse d'obéissance à son évêque, qui lui désignera les paroisses où il devra exercer son ministère ; en retour, l'évêque lui versera un salaire qu'il gérera librement. Il sera membre de ce que l'Église désigne comme le clergé séculier, du latin *saecularis*, qui signifie dans le « siècle », dans la société, dans le monde, par opposition au clergé régulier, de *regularis*, qui vit plus isolé, selon la « règle » d'un ordre religieux, souvent monastique.

La rencontre avait été excellente : « Mgr Audet m'a beaucoup encouragé dans la voie que j'ai choisie. Il s'est dit très optimiste à mon sujet et il veut m'aider à atteindre mon but. » Il n'est donc pas surprenant que Raymond ait pensé que son accès au sacerdoce se ferait rapidement. Il s'était trompé. L'Église catholique n'est pas devenue une institution deux fois millénaire en accrochant son destin aux maisons d'enseignement de haut savoir qu'elle ne contrôle pas entièrement, fussent-elles compétentes et sérieuses, à l'exemple de l'Université de Montréal. Il découvrira, surtout, que la prêtrise n'est pas une affaire pour surdoués pressés. Les études sont une chose ; il y a, en plus, des étapes à franchir, des jugements à subir, des efforts à accomplir, une ascèse à atteindre. Mgr René Audet le lui apprendra sans dire un mot.

Le cinquième évêque de Joliette (le diocèse a été fondé en 1904) était tout le contraire d'un nerveux. Nommé en 1968, cet homme qui n'élevait jamais la voix n'était pas un pasteur charismatique, mais il savait où il allait. Réservé, il n'était pas intervenu dans les débats de société qui secouaient le Québec de la Révolution tranquille, se préoccupant plutôt de la formation des agents laïques de pastorale et favorisant l'éducation de la foi dans des perspectives sociales – rien de très flamboyant ! Il avait vite saisi que le séminariste passionné qu'il avait devant lui pourrait s'inscrire dans cette forme de ministère sacerdotal tourné vers les gens. Il lui faudrait néanmoins éprouver sa vocation par une initiation longue et difficile. Il lui faudrait surtout s'assurer que ce jeune homme avait vaincu ses démons. Mais Mgr Audet s'était bien gardé de lui montrer quelque réserve que ce fût. Il s'était dit « optimiste » (il disait cela à tous les séminaristes), il avait encouragé Raymond (comment aurait-il pu faire autrement ?), il voulait l'aider « à atteindre son but ». Voilà précisément ce qu'il allait faire comme évêque !

Pour le premier stage (il y en aura plusieurs) de Raymond Gravel, Mgr Audet avait opté pour une paroisse proche de Montréal : Saint-Henri-de-Mascouche. Cette paroisse vivait depuis deux décennies un boom démographique qui avait amené, en 1980, l'évêque de Joliette à en détacher une partie pour former, avec Notre-Dame-du-Très-Saint-Rosaire, Saint-Benoît-de-Mascouche. Elle restait toutefois une paroisse importante, toujours en expansion, que le déclin qui frappait l'Église catholique au Québec semblait avoir épargnée. Par centaines, les fidèles s'y pressaient aux messes dominicales, que trois prêtres – un curé et deux vicaires – assuraient à tour de rôle.

Raymond était arrivé à Mascouche le mardi 2 mars 1982, le cœur léger, la tête remplie de projets. Au Québec, une bonne partie du clergé diocésain avait adopté sans réserve la nouvelle liturgie de Vatican II qui, en chassant les ombres du passé, allait raviver une pratique religieuse temporairement en panne. L'heure était aux changements, au renouveau. Des églises centenaires avaient été débarrassées de leurs « artifices architecturaux » – dorures, statues, lustres – ; leurs maîtres-autels avaient été démolis ou vendus aux collectionneurs, leurs balustrades détruites, leurs chaires décrochées de leurs colonnes et installées dans le chœur désormais ouvert sur la nef. Il fallait démystifier la pratique religieuse et la rapprocher du peuple chrétien ; les nouveaux rites devaient trouver un sens. Avaient-ils seulement été compris ? Des générations de fidèles qui avaient vu leurs prêtres célébrer la messe en latin, le dos tourné vers eux, ou qui avaient communié agenouillés, la langue tirée, les mains cachées sous une nappe en coton, avaient dû s'adapter au français dans les cérémonies sacrées et recevoir, debout, l'hostie dans leurs mains, comme un simple morceau de pain. Les orgues eux-mêmes s'étaient tus, remplacés par des guitares qui animaient ce que les fidèles, par dérision peut-être, avaient appelé « les messes à gogo » lorsqu'elles étaient apparues dans l'enthousiasme postconciliaire.

Raymond se faisait le propagandiste de cette révolution des rites et des symboles prônée par *son* Église. Rien, chez lui, n'annonçait le prêtre contestataire qu'il allait devenir dans quelques années et dont la réputation sera largement surfaite. Car, malgré ce qu'en laisseront croire les raccourcis médiatiques et son propre style décapant, il ne s'attaquera pas à la doctrine et à la théologie catholiques, seulement à l'éthique des comportements touchant, par exemple, le mariage, l'homosexualité, l'avortement, la fin de la vie humaine. Sa contestation sera aussi celle d'une conception de l'Évangile qu'il jugera infantile, ce qui froissera de nombreux confrères plus conservateurs. Pour l'heure, ce sont plutôt son tempérament primesautier et un entêtement certain dans l'action qui contribueront à lui bâtir une réputation de franc-tireur. Une tenue vestimentaire, dont le t-shirt et le jeans forment l'essentiel, fera le reste pour parfaire son image.

Il ne faut donc pas s'y tromper : Raymond était alors d'autant plus heureux de se retrouver à Saint-Henri-de-Mascouche que son curé, Aurélien Breault, avait exercé son ministère à Saint-Gabriel-de-Brandon de 1969 à 1976. Raymond aimait croire que cela établissait un lien entre eux, même si, en révolte à cette époque, il se rendait bien peu à l'église. Il savait seulement que ce prêtre de soixante et un ans aurait à l'évaluer au terme de son stage, un stage qu'il avait la certitude de réussir avec autant de brio que ses études. Il avait trouvé sympathique « ce bon curé » souriant et affable qui lui avait fait faire le tour du presbytère, l'avait présenté aux deux vicaires, Jean-Paul Laferrière et Yvon Boisjoli. Ces quatre hommes allaient se retrouver à la même table de bois de la petite salle à manger du rez-de-chaussée, échangeant leurs expériences, s'encourageant.

Raymond allait surtout devoir corriger sa première impression sur « ce bon curé », qui allait devenir les vingt-deux années suivantes son mentor, son père spirituel, « son maître », ainsi qu'il le reconnaîtra dans l'homélie qu'il prononcera à ses funérailles en janvier 2004, à la cathédrale de Joliette.

Calme et simple, Aurélien Breault se fit une réputation d'être proche des pauvres, des défavorisés, des blessés de la vie, et notamment des prisonniers, qu'il visitait souvent, allant même, quelques années plus tard, jusqu'à cacher dans son presbytère un fugitif en détresse. Prêtre, il était préoccupé par la difficulté de l'Église catholique à répondre aux attentes spirituelles de ses contemporains et à leur transmettre le message du Christ.

Un stagiaire modèle
Le curé Breault transmit-il ces préoccupations à son stagiaire ? Rien ne le laisse croire, ni le journal intime que Raymond tenait encore régulièrement, ni ses activités dans le Mouvement des Cursillos, qui veut permettre

aux laïcs d'approfondir le christianisme et dans lequel il s'engagera, ni ses homélies de la messe du dimanche dont il conservera toute sa vie les tapuscrits annotés. À l'instar d'un bon élève, il en fait approuver le contenu par Aurélien Breault : « M. le curé, voulez-vous, s.v.p, regarder cela et me dire ce que vous en pensez ? » Ou : « Ne regardez pas les fautes. Je l'ai tapée [l'homélie] très vite et ce n'est qu'un brouillon. » Il n'a rien à craindre, son curé ne trouvera rien à redire des textes trop parfaits de ce séminariste qui, à son premier dimanche en chaire, le 2 mai 1982, avouant sa nervosité, demandera « le soutien et l'aide » des paroissiens. Il se présente : il a grandi « dans une famille comme bien d'autres », il est devenu un employé de banque avant de vouloir « offrir ma vie pour celui qui m'avait offert la sienne en mourant sur la croix par amour pour moi ». Les grandes confessions sur son passé viendront plus tard ! Il risquera une définition du prêtre : « C'est celui qui doit guider ses frères et ses sœurs dans leur quotidien, à l'intérieur d'une communauté d'hommes et de femmes qui veulent vivre pleinement leur foi en Jésus Christ. » Au Grand Séminaire, on lui aurait donné dix sur dix ! La Trinité ? « Le Père, le Fils et l'Esprit, trois personnes bien distinctes qui accomplissent des fonctions différentes. Le Père est le Créateur de tout ce qui existe ; le Fils, le médiateur entre le Père et nous ; et l'Esprit, celui qui doit guider l'Église dans sa poursuite de l'œuvre du Père et du Fils sur terre. » On croit relire le Petit Catéchisme !

Parfois, dans ses homélies subséquentes, il aborde des sujets plus d'actualité. Le célibat des prêtres ? « Il prend tout son sens dans la disponibilité à servir les autres et dans l'exclusivité à bâtir le Règne de Dieu. » Le mariage entre un homme et une femme? « Il se veut indissoluble par sa nature, car il se veut une union de deux êtres qui se donnent mutuellement dans leur totalité d'être pour vivre ensemble une communion d'amour dans le respect et la fidélité de chacun. » Nous sommes bien loin de la promotion du mariage des prêtres et de l'acceptation des divorcés remariés. Il conclut: « Malheureusement, sur les chemins de l'idéal, il y a aussi des échecs [...] qui aboutissent tous à un drame difficile à vivre et souvent insurmontable. Quelles attitudes devons-nous prendre face aux échoués? Le Christ nous dit de les accueillir, de faire de la place à ceux qui souffrent et à ceux qui sont mal pris. Il veut les guérir; il leur pardonne; il veut leur redonner leur dignité et les lancer en avant dans la vie. » Le Raymond Gravel des exclus pointe son nez…

Il n'a alors qu'une hâte, celle de franchir toutes les étapes de son acceptation dans une Église à laquelle il veut appartenir, non plus en simple laïc, mais comme prêtre. Il s'applique à réussir son stage: « J'ai le goût de poursuivre mon engagement vers le sacerdoce. » Croyant toujours qu'il touchera bientôt au but, il s'est inscrit, pour septembre 1982, au programme de deuxième cycle en études pastorales à l'Université de Montréal. Cette maîtrise veut arrimer, selon les termes du prospectus, la théologie à l'accompagnement spirituel des chrétiens. Il pourra la terminer en effectuant, le cas échéant, son stage à Mascouche. Pour faciliter ses déplacements, il a suivi des cours de conduite et s'est acheté une automobile – sa première, une Honda verte 1979 – avec « le petit salaire » qui lui a été consenti par son diocèse. Le 21 novembre 1982, il est admis par son évêque comme candidat susceptible de devenir prêtre. Il vient de faire un autre petit pas, un pas de plus. Le 6 février 1983, il reçoit le ministère du lectorat, soit celui «de proclamer la Parole de Dieu, la méditer, en vivre et en faire vivre autour de moi», note-t-il sagement. Le 15 mai suivant, il est accepté au ministère de l'acolytat, «le service de prière et de la table du Seigneur». Dans l'Église catholique, l'acolyte est institué pour agir comme ministre au prêtre. Il lui revient donc de s'occuper du service de l'autel, d'aider le prêtre dans les fonctions liturgiques, et principalement dans la célébration de la messe. La signification de ces étapes vers le sacerdoce échappe le plus souvent aux simples fidèles; pour le clergé, elles forment un rite d'initiation quasi sacré. Le candidat à la prêtrise reçoit toujours ces titres publiquement; ils lui sont décernés par l'évêque, au cours d'une cérémonie religieuse chorégraphiée à la perfection, devant les familles, les amis et les fidèles. Raymond s'attend désormais à devenir diacre, la dernière étape avant la prêtrise. Il sera déçu.

Son évêque a plutôt décidé qu'à la fin de l'été 1983 il devra quitter Mascouche pour aller passer un an au Grand Séminaire de Montréal «pour parfaire ma formation et réfléchir de façon particulière à ma vocation», écrit-il. Il est catastrophé. Il n'ose penser que Mgr Audet, qui venait pourtant de lui manifester sa confiance en le faisant acolyte, ait pu agir sur la recommandation du curé Breault, son directeur de stage. Il s'en doute, mais il s'abstient de poser la question. Il sait que, dans l'Église, toute manifestation de mauvaise humeur peut être sévèrement jugée. Et le curé Breault est tellement généreux, tellement gentil à son endroit. Il s'incline: «Si telle est la volonté du Seigneur, c'est avec joie que je la ferai.»

Il ajoute : «Je dois obéissance à mon évêque. Après il m'ordonnera prêtre. Au cours de cette année, je serai d'abord sacré diacre.» Cette année? Raymond l'ignore, mais il devra attendre trois ans avant que Mgr René Audet le juge digne d'être appelé au diaconat, qui précède le presbytérat, soit la prêtrise.

Raymond vit une autre période difficile de sa vie. Comme toujours, il avait cru que les circonstances – et les hommes – se plieraient à sa volonté. Il avait décidé de devenir prêtre. Il avait choisi le meilleur chemin pour réaliser son but. Il s'attendait à ce que son évêque lui manifeste toute sa reconnaissance et se hâte de lui apposer l'onction sainte. Il se retrouvait plutôt dans une zone molle, où on le faisait patienter sans lui en donner les raisons, en lui décernant, de temps à autre, un petit titre – lectorat, acolytat – alors qu'il voulait, lui, Raymond Gravel, être rien de moins que prêtre! Comment se faisait-il que son évêque n'eût pas compris cela?

Il se console en faisant le bilan de ses quatorze mois et demi de stage : « Les gens de Mascouche m'ont apporté beaucoup. Grâce à eux, j'ai pu m'adapter à ce nouveau style de vie ; j'ai pu également m'intégrer dans les divers mouvements afin de m'impliquer davantage au niveau de ma foi et de grandir par le fait même dans l'option vocationnelle que j'ai librement choisie. » Ce ne sont pas là les mots d'un jeune homme en révolte contre son Église.

À la mi-juin, autre mauvaise nouvelle : Aurélien Breault doit quitter Mascouche, la paroisse où il exerce son ministère depuis sept ans, pour se charger de celle de L'Épiphanie. Raymond conservera toute sa vie dans ses archives personnelles la lettre qu'il lui a envoyée :

« Votre départ m'affecte énormément ; je me sens comme un enfant abandonné à lui-même. » Il remercie son curé de l'avoir soutenu dans son travail pastoral, de lui avoir appris à accompagner les fidèles, à animer des processions, à encadrer les comités liturgiques. La responsabilité d'une paroisse est un métier qui s'apprend. « Vous m'avez donné le goût de faire plus, d'aimer plus, de servir plus et c'est le témoignage du prêtre que vous êtes que je veux moi aussi, par le don total de ma vie, être à mon tour, un vrai témoin de Jésus Christ dans le monde d'aujourd'hui. » Mais le bon curé Breault, que des proches ont vu pleurer en apprenant qu'il devait quitter ses paroissiens, lui donnera alors un conseil dont Raymond se souviendra toute sa vie : « Si tu veux être un prêtre heureux, il faut que tu apprennes à partir. »

La chambre 308

En août 1983, Raymond prend la route de Montréal pour entrer à ce Grand Séminaire que, quatre ans plus tôt, il avait voulu éviter. Le portier qui l'accueille le fait monter jusqu'au troisième étage, à cette petite chambre 308 qui sera son unique univers personnel les dix mois suivants. L'hiver venu, il y gèlera. Cinglant, il déplorera devant la soixantaine de ses confrères que « la chaleur ne monte pas dans les calorifères, sans doute pour absorber le déficit budgétaire de la bâtisse ». Le ton est donné. Ses rapports avec ses maîtres sulpiciens resteront conflictuels. Il sera talonné par ces impitoyables formateurs du clergé. Pour eux, il est un indiscipliné, un frondeur, une tête forte que l'Église catholique ne doit pas tolérer. Son directeur spirituel tente de le convaincre de renoncer à la prêtrise : il n'y serait pas à sa place. « Je suis sûr qu'on veut me casser », écrit-il dans son journal, qu'il a réussi à dérober à leur surveillance. En novembre, il songe à tout abandonner. Il se sent terriblement seul. Le soir, il pleure. « Je pleure souvent, c'est une vraie litanie. » Il se ressaisit. Les sulpiciens ne savent pas qui il est, à quel point ce qu'il a vécu avant de se rendre jusqu'à eux a forgé son caractère ! Il en fait une affaire personnelle, comme autrefois, quand il était battu par un client qu'il faisait corriger le lendemain. Cette fois-ci, la correction sera symbolique, mais le résultat en sera le même : Raymond Gravel vaincra !

Sa prison n'est toutefois pas hermétique. Les week-ends, s'il le désire, il peut retourner à Mascouche. Mauvaise surprise : un vieux sulpicien qui y vit désormais le surveille et fait tout pour démontrer qu'il n'a pas l'étoffe d'un prêtre. Raymond se querelle parfois avec son nouveau curé, Jean-Paul Laferrière, qui a succédé à Aurélien Breault et qui, de six ans son aîné, le subjugue par son équilibre émotif et son autorité naturelle. « Je ressens beaucoup de dépendance envers lui et cela me fait énormément souffrir. » Il commence à saisir pourquoi son évêque retarde son ordination. « J'accepte difficilement mes limites. Il me semble qu'elles provoquent chez moi la détresse, un grand désarroi. J'assume peu à peu ma sexualité de célibataire. Ce n'est pas toujours facile », reconnaît-il. Raymond a beau prétendre répondre à l'appel du Seigneur, il n'a pas vaincu ses pulsions ou, du moins, il ne peut vivre sans qu'elles reviennent le hanter. « Je suis perturbé et j'en perturbe d'autres autour de moi. »

Le lundi matin, de retour à la chambre 308, il n'a rien à faire de ses journées. Puisqu'il détient déjà son baccalauréat en théologie, on l'a intégré à la classe des séminaristes de quatrième année – les finissants. On veut lui faire passer le temps ; il n'y apprend guère plus que ce qu'il sait déjà. Il s'inscrit à un cours de droit canon sur le mariage chrétien, au Centre de formation théologique affilié à l'Université du Latran du Grand Séminaire de Montréal. Les études deviennent un substitut à l'ennui. Il suit des cours en communication et audiovisuel à l'Université Saint-Paul, à Ottawa. Il termine sa maîtrise en études pastorales. À défaut d'être prêtre, il sera instruit. Mais tout cela ne mène à rien sans le sacerdoce. Qui, dans la société civile, a besoin d'un maître en théologie pastorale ?

Un séminariste de l'époque confirme que Raymond Gravel avait horreur de cette vie quasi monastique où tout était « très encadré ». D'ailleurs, trois ans plus tôt, il était allé passer quelques semaines chez les Dominicains, un ordre prêcheur qui l'attirait par sa richesse intellectuelle et sa spiritualité ouverte sur le monde. Les trois vœux – pauvreté, chasteté, obéissance – l'en avaient fait repartir. Il aurait pu aisément vivre le premier, plus difficilement le deuxième. L'idée de devoir toujours demander la permission à un supérieur pour faire quoi que ce soit l'horripilait. Il s'en sentait franchement incapable.

« J'ai haï ça pour mourir, dira-t-il plus de trente ans plus tard en se rappelant cette fameuse année chez les Sulpiciens. Je n'ai jamais trouvé que le Grand Séminaire était un bon lieu de formation pour les prêtres. On a besoin de former les prêtres dans le monde, qu'ils étudient à l'université, qu'ils reçoivent un enseignement qui est ouvert, qui n'est pas étroit d'esprit, un enseignement qui rejoint les hommes et les femmes d'aujourd'hui. Les Sulpiciens sont encore des intégristes. La place de la femme dans l'Église, ils ne croient pas à cela. »

À l'été 1984, son évêque, Mgr René Audet, le ramène à Joliette. Il vivra désormais à l'évêché, au milieu du personnel religieux et laïque, et de vieux prêtres retraités dont il partagera la table, le soir. On lui propose de travailler à l'animation sacramentelle dans le diocèse. Avant de quitter le Grand Séminaire, il a vu des étudiants de quatrième année être ordonnés diacres avant même d'avoir obtenu leur baccalauréat en théologie. Lui ne le sera pas encore cette année, comme il l'espérait. « L'évêque, conformément à l'évaluation qui m'a été faite au Grand Séminaire et en paroisse, préfère retarder de quelques mois le diaconat, l'engagement définitif. »

La vérité, c'est que les sulpiciens ont fortement déconseillé à Mgr Audet de l'ordonner prêtre. « Il ne fera pas six mois », avait été leur pronostic. Il écrit : « Il est parfois difficile d'accepter les décisions de mon évêque, mais je suis persuadé que le Seigneur m'aidera à poursuivre mon chemin vers le presbytérat où je pourrai me donner complètement à son service et au service de son Église. »

Les deux années suivantes, il multipliera les stages pastoraux en milieux scolaires et paroissiaux, à Sainte-Julienne, à Saint-Liguori, à Joliette, le jour, le soir, les fins de semaine, selon les besoins et les circonstances, sans pouvoir s'attacher nulle part. Il n'est ni prêtre ni diacre, même s'il est plus instruit que la plupart d'entre eux. Il n'est même plus stagiaire. Il n'est qu'un acolyte itinérant pour les membres du clergé, qu'un séminariste en formation pour le grand public. Il aurait souhaité rester à Saint-Henri-de-Mascouche. C'est impossible. Il devine que le nouveau curé ne veut plus de lui. Il devra quitter cette paroisse où il se sent si bien. «Je vis beaucoup de souffrances intérieures. Je ne peux pas accepter mon départ de Mascouche. Je ne peux pas accepter l'échec aussi facilement. J'aurais tellement aimé pouvoir me reprendre et refaire une nouvelle expérience. Si seulement on m'avait donné cette chance !»

Raymond ne l'aura pas. On murmure que son évêque n'en veut pas. On fait le vide autour de lui. Il a pourtant tout compris. Son journal – encore – témoigne de sa lucidité. «Je demeure à l'évêché et je m'ennuie beaucoup. Il m'arrive souvent de pleurer, le soir, en me couchant et ça fait mal de ne pouvoir être avec ceux que j'aime. Que faire ? Attendre un changement ? Ça peut être long, et s'il y en a un… Je désespère de plus en plus quant à l'avenir. J'ai l'impression qu'on ne veut pas de moi et qu'on espère que je ne pourrai pas tenir le coup. On ne veut pas me le dire ; on voudrait que ça vienne de moi. Pourquoi ? Pourquoi ?» Et, en grosses lettres, il s'écrie : «Aide-moi, Seigneur ! C'est un cri d'alarme que je te lance une dernière fois ! Je t'en supplie, aide-moi ! Je n'en peux plus.»

«Dieu fera le reste»

Il tient le coup quand même. Il trouve la vie à l'évêché « toujours aussi monotone » ; il s'y adapte, «sinon je ne pourrai poursuivre mon cheminement». De mois en mois, il va dans les paroisses rencontrer les enfants, pour les préparer à recevoir les sacrements. Son évêque semble satisfait de lui. En mai 1985, il espère être ordonné diacre «à l'été». Mais l'été passe. En août, il a une nouvelle chance : il est envoyé en stage à Saint-Joachim-de-la-Plaine, paroisse voisine de Saint-Henri-de-Mascouche. « Je me sens dans mon monde. » Il s'entend bien avec le curé Pierre-Gervais Majeau, avec qui il se découvre des affinités intellectuelles et spirituelles. Il songe au curé Aurélien Breault, qu'il va visiter en octobre, à L'Épiphanie, à l'occasion de son soixante-cinquième anniversaire. Cet homme d'Église est un sage. Il conseille à Raymond la prière et la patience, la foi et l'espérance. « Dieu fera le reste. »

En février 1986, son évêque l'envoie en retraite à l'abbaye de Saint-Benoît-du-Lac, chez les Bénédictins. Raymond doit se préparer au diaconat. Étrangement, il accueille la nouvelle avec un calme qu'on ne lui connaissait pas. « Je suis placé face à moi-même pour mieux m'analyser et mieux comprendre la volonté du Seigneur pour moi. » Il a un entretien avec le père hôtelier, dom Jean Vidal, « un être exceptionnel ». Il est conforté dans sa vocation.

Soudainement, tout se passe très vite. Sans s'expliquer sur son attitude des dernières années, Mgr René Audet le sacre diacre le dimanche 23 février 1986, à la cathédrale de Joliette, en présence de sa famille et de ses amis. « C'était superbe et merveilleux comme célébration liturgique, écrit-il simplement. Je rends grâce au Seigneur pour tant de bontés. »

Son ordination est fixée au dimanche 29 juin, à l'église de Saint-Damien-de-Brandon. Dès lors, rassuré, il s'implique dans son organisation, imposant ses volontés, voyant à chaque détail, dévoilant ainsi une facette méconnue de sa personnalité. Il visite la chorale de sa paroisse natale, que dirige Jeanne Desrochers-Grandchamp. Il lui donne une liste des chants qu'il voudrait voir interpréter à son ordination. Elle lui apprend que la chorale de Saint-Henri-de-Mascouche veut aussi être de la cérémonie. Soit. Jeanne dirigera les deux chorales, fusionnées pour l'occasion. Il loue une grande salle à son ami Michel Émery, devenu épicier et homme d'affaires. Il y accueillera, après la cérémonie religieuse, prêtres, paroissiens et amis pour un banquet et une soirée de danse. Il envoie cinq cents invitations. Il approche un traiteur, discute du menu, en négocie le prix. Il embauche un orchestre avec chanteur, ne fait aucune réserve sur les choix musicaux. Son accession à la prêtrise se doit d'être joyeuse. Toutes les factures lui seront envoyées. Il les paiera avec l'argent qu'il recevra en cadeau.

Il avait tout planifié, tout prévu, sauf une chose. Le dimanche 29 juin s'annonça comme une journée chaude et humide. Le ciel s'était rapidement chargé de nuages noirs, menaçants. Un orage violent avait éclaté alors que la foule se pressait dans l'église. Les éclairs zébraient le ciel quand les derniers fidèles purent trouver place à l'arrière de la nef. Le bruit sourd du tonnerre s'entendait jusque dans le chœur, où Mgr René Audet, coiffé de sa mitre, majestueux dans ses habits épisco-paux, allait conférer, pour la première fois en vingt-cinq ans, le sacerdoce à un fils de Saint-Damien-de-Brandon. Une cinquantaine de prêtres l'entouraient, remplissant le chœur ; une quarantaine d'autres avaient dû trouver place dans les premiers bancs de la nef, dans les allées latérales. Car on avait réservé les meilleurs bancs, dans l'allée centrale, à son père, sa mère, ses frères, ses sœurs et à toute sa famille plus éloignée. Tout à coup, un éclair trop violent avait provoqué une panne de courant. C'est dans la pénombre que Mgr Audet, imperturbable, s'était avancé dans le chœur pour prononcer les premières paroles de la cérémonie d'ordination, l'une des plus impressionnantes et des plus chargées de signification mystique de l'Église catholique romaine.

Raymond n'y avait vu aucun présage, mais l'électricité était revenue lorsque, revêtu de l'aube blanche, dans un geste toujours spectaculaire, il s'était couché à plat ventre devant son évêque, en signe de dépouillement. Il allait passer de longues minutes dans cette position inconfortable. Un sentiment d'inquiétude, un dernier, s'était emparé de lui : était-il digne de recevoir le sacerdoce ? Il avait alors pensé à ce vieux paroissien de Saint-Joachim-de-la-Plaine qui, malade, soignait quand même son épouse, atteinte de la maladie d'Alzheimer. Cet homme qu'il aimait lui avait promis de venir à son ordination ; il était mort deux semaines auparavant. Raymond a eu la certitude qu'il était près de lui, qu'il lui disait : « Je suis là. » Il s'était relevé apaisé.

Son évêque lui avait ensuite remis l'étole et la chasuble avec lesquelles, dans quelques minutes, ils concélébreraient l'Eucharistie. Il lui avait oint les mains avec le saint chrême. Il lui avait donné le calice et la patène qui seraient, pour toujours, les siens. Raymond s'était agenouillé devant son évêque, qui avait demandé à l'Esprit saint de l'aider tous les jours dans son ministère sacerdotal. Il lui avait imposé les mains sur la tête. Puis, à tour de rôle, les quatre-vingt-dix prêtres présents avaient défilé dans le chœur pour lui faire l'accolade et lui imposer à leur tour les mains. Ce dimanche 29 juin correspondait, dans l'Église, à la fête de saint Pierre et de saint Paul – saint Pierre, reconnu pour sa fougue, saint

Paul, l'intellectuel. En lui faisant l'accolade, l'un de ses confrères lui avait glissé à l'oreille : « Qui des deux veux-tu être ? » Sans hésiter, Raymond lui avait murmuré : « Je veux être les deux. » Puis les prêtres, tous ensemble, y compris Raymond, s'étaient tournés vers leur évêque, la main droite relevée, en signe de solidarité avec lui. Mgr Audet avait récité la prière de l'ordination. À ce moment précis, Raymond Gravel, qui attendait cet instant depuis dix ans, était devenu prêtre – prêtre pour l'éternité, selon la formule consacrée dans l'Église catholique.

« C'est le plus beau jour de ma vie », avait-il dit dans une allocution, avant d'avancer dans la grande allée pour s'agenouiller devant son père, à qui il avait réclamé sa bénédiction. En pleurant, Yvon Gravel avait posé la main sur la tête de son fils, devant qui il s'était age-nouillé à son tour pour être béni. Il s'agit d'un geste voulu par l'Église lors d'une ordination. Ainsi, le fils se réconcilie avec le père, et le père aime le fils. Pas un mot n'a été prononcé. Chez les centaines de personnes présentes, le silence a été total. Entre le père et le fils, aucun regard n'a été échangé, comme s'ils ne voulaient pas encore s'approprier la symbolique du geste qu'ils venaient d'accomplir. Leur réconciliation, personnelle et totale, viendra plus tard, d'eux-mêmes.

À la sortie de l'église, la pluie avait cessé et un arc-en-ciel encerclait le village. Raymond avait rejoint sa mère et son père. « C'est beau, leur avait-il dit. L'arc-en-ciel est un signe d'alliance dans la Bible. » Réjeanne Mondor était impassible, comme elle l'avait été dans l'église. Yvon Gravel pleurait encore. Bourru, il s'était adressé directement à Raymond : « Si tu t'avises de défro-quer, je ne te parlerai plus jamais de ma vie. »

Deuxième partie
L'apostolat critique

Chapitre 4

Les blessés de la vie

L'abbé Raymond Gravel connaissait très bien l'homme qui, alité devant lui, allait mourir du sida. Il était au début de la trentaine. Autrefois, il avait été son amant. Ensemble, ils s'étaient rendus à New York, comme tant d'autres homosexuels montréalais qui allaient rechercher l'anonymat absolu dans la mégapole américaine. Puis leurs vies s'étaient séparées... Ils se retrouvaient dans une chambre d'hôpital, pour une dernière fois.

Sa mère avait appelé Raymond.

« Stéphane[12] va mourir. Il voudrait te voir. »

Raymond n'avait pas hésité. Il s'était rendu à cet hôpital montréalais, où des dizaines d'autres sidéens, tous de jeunes gens, étaient soignés sans beaucoup

---

12. Afin d'empêcher l'identification des personnes, l'auteur utilise des noms fictifs et ne donne ni dates ni lieux. Mais les cas relatés dans ce chapitre sont authentiques. Les dialogues sont ceux qu'a reconstitués Raymond Gravel.

d'espoir de guérison. Ils étaient isolés, recevaient peu de visites. La peur hantait tout le monde. Pour les approcher, le personnel revêtait un habit de protection – combinaison, masque, gants de latex – qui coupait tout contact humain avec ces malades. Ils étaient les lépreux du vingtième siècle.

Raymond avait dû lui aussi revêtir ce costume – c'était une tenue obligatoire pour avoir accès à son ami. Il ne l'avait d'abord pas reconnu. Il se souvenait de lui, si beau, si enjoué, dans le train qui les amenait à New York. Il était jeune et vigoureux, rien de fâcheux ne pouvait lui arriver. Quand on a vingt ans, on a toujours l'éternité devant soi. Il le retrouvait, quelques années plus tard, amaigri et déformé par la maladie qui le rongeait.

Il se trouvait encore – Raymond ne le savait que trop bien – des aumôniers d'hôpitaux et des membres du clergé catholique pour y voir la punition divine d'activités sexuelles contre nature, perverses. Il fallait que le malade expiât pour gagner son ciel. Jeune prêtre encore, il lui semblait que la douleur extrême n'était sublime que dans les anciens livres de dévotion, qui en faisaient le chemin obligé de l'agonisant vers un Dieu rédempteur. Raymond ne croyait pas à la vertu d'une souffrance qui brise les corps et enlaidit les traits. Il fallait l'éviter. Dieu n'avait pas demandé aux croyants de souffrir le martyre pour s'en rapprocher et mériter leur ciel. C'était l'invention d'une théologie qui, depuis le concile de Trente, au seizième siècle, avait fait des douleurs de la croix le centre du christianisme, alors que la Résurrection glorieuse l'était. Il valait mieux tout faire pour préserver la dignité de la personne qui allait mourir.

Voilà pourquoi, aussitôt arrivé dans la chambre, Raymond avait soigneusement refermé la porte derrière lui pour se débarrasser, sans être vu, d'un costume et d'accessoires qu'il jugeait offensants pour un être humain. Il était hors de question qu'il montre à un semblable qu'il avait horreur de lui ! Couché, Stéphane avait suivi ses efforts pour se libérer de son accoutrement. Il avait souri. Ce fut son premier sourire.

« Je t'aime », lui avait dit Raymond. L'autre avait compris. Cet ami de jeunesse ne l'aimait plus comme autrefois. Il l'aimait autrement, il l'aimait encore plus.

Raymond lui tenait la main, en silence, ne parlant que pour répondre à ses questions, calmer ses angoisses.

« Crois-tu que Dieu m'a puni pour ce que j'ai fait, pour ce que j'ai été ? » lui avait demandé Stéphane d'une voix faible.

Cette question, Raymond l'avait entendue des dizaines de fois depuis qu'il accompagnait des sidéens. Il n'était alors que stagiaire, pas encore prêtre, quand, au début des années 1980, cette maladie méconnue et terrifiante était apparue en Amérique du Nord. Son nom lui-même contribuait à son mystère : syndrome d'immunodéficience acquise. Son acronyme, SIDA, n'était guère plus rassurant. Les rumeurs les plus terribles couraient sur la maladie : un homme l'avait contractée en Afrique en s'accouplant avec une bête infectée. Elle ne frappait que les homosexuels, qui pouvaient la transmettre aux hétérosexuels par la salive, la sueur, le sang, des draps souillés, un mouchoir. Toucher un sidéen à mains nues pouvait aussi représenter un danger.

« Je ne pouvais pas comprendre que les hôpitaux aient peur d'eux au point de les enfermer. On les traitait en parias. »

Ce fut sa première révolte de prêtre. Il ne pouvait pas accepter les règles de prudence des hôpitaux, mais il n'était pas médecin et ne pouvait les contester publiquement. Il était pasteur d'une Église qui ne manifestait aucune compassion pour les sidéens. « Je trouvais épouvantable que certains prêtres disent que les jeunes gais mouraient par où ils avaient péché. Beaucoup étaient croyants et se sentaient jugés par l'Église. S'ils avaient eu des rapports sexuels, c'est que, quelque part, ils recherchaient l'amour. Et ils mouraient parce qu'ils avaient aimé. Cette maladie était un non-sens absolu. »

Raymond s'était rapproché de Stéphane. Toute sa poitrine couvrait maintenant les draps du lit. Son visage touchait presque celui de son ami.

« Non, Dieu ne te punit pas. Et ce n'est pas son Église qui te condamne, avait-il repris en mentant un peu, ce sont seulement certains hommes qui en font partie. »

Les yeux du malade s'étaient remplis de larmes.

« Je voudrais me confesser. »

Il s'était longuement confié à son ami, qui l'avait absous.

« Pourrais-je communier ? »

Raymond avait tiré de la petite valise qu'il transportait toujours dans ses visites dans les hôpitaux son calice et sa patène, son étole, une burette de vin, deux hosties. Il avait dressé son autel sur la table qui se trouvait au pied du lit.

Il avait répété les paroles et les gestes du Christ, au repas du Jeudi saint : « Ceci est mon corps, ceci est mon sang. »

Il avait tendu l'hostie au malade. Il avait pris le calice, lui en avait fait boire une gorgée, l'avait porté à ses propres lèvres.

Sa messe dite, il s'était assis près de Stéphane, sur le bord du lit, le tenant par la main, ne prononçant pas une seule parole.

Il devait revoir son ami le lendemain. Le soir même, il avait reçu un appel de sa mère :

« Stéphane est mort. Veux-tu célébrer ses funérailles ? »

Dans l'église remplie, Raymond avait cité l'évangéliste Jean :

« "Ne soyez pas bouleversés. Vous croyez en Dieu, croyez aussi en moi… Si je pars, nous dit Jésus, c'est pour aller vous préparer une place et lorsque je serai allé vous la préparer, je reviendrai vous prendre avec moi, pour que là où je serai, vous y soyez vous aussi…" (Jean 14, 1-3)

« Il ne vous reste qu'une seule chose à faire, avait-il lui-même conclu : essayer de porter un regard de foi, un regard d'espérance et un regard d'amour sur le drame que vous vivez. »

Raymond aimait croire que son ami était parti en paix.

C'est seulement lorsqu'il s'était retrouvé seul dans la sacristie, à enlever ses habits sacerdotaux, que l'abbé Gravel s'était mis à pleurer.

Fier d'être prêtre

Si le drame de Stéphane l'avait touché, il en vivrait un autre qui le bouleverserait.

À vingt-cinq ans, Bernard, marié, père d'une jolie fillette de trois ans, respirait le bonheur. Pourquoi avait-il commis cette folie ? Une fois, une seule fois, il avait couché avec un homme de son âge. Il était depuis séropositif. Il avait tenté de cacher sa maladie à son épouse, avec qui il s'était désormais abstenu de tout rapport sexuel. Dès qu'elle avait su la vérité, elle l'avait mis à la porte. Il s'était retrouvé chez ses parents, qui l'avaient hébergé jusqu'à ce que son état nécessite l'hospitalisation.

Raymond connaissait peu ce paroissien. Encore là, la mère de celui-ci l'avait contacté et lui avait demandé d'aller voir son fils à cet hôpital montréalais où il avait été admis. Il avait eu le temps de le connaître puisque, les deux mois suivants, il était allé le visiter plusieurs fois.

Bernard avait une obsession : il ne voulait pas mourir sans avoir revu sa fille, ne serait-ce qu'une fois. Il avait bien demandé à ses parents d'intercéder auprès de son épouse : elle avait refusé. Pourquoi ? Elle voulait le punir. Il avait demandé à Raymond de la voir, d'insister. Un prêtre pourrait sans doute être plus persuasif. Rien n'y fit. Bernard n'était soutenu que par ses parents, ses frères, ses sœurs ; il était rejeté par son épouse et sa belle-famille. Deux clans qui ne se parlaient plus.

La maladie de Bernard progressait. Sa fin était proche. Il partirait sans avoir connu l'ultime consolation de pouvoir serrer sa fille dans ses bras. À la souffrance, à la peur de mourir s'ajoutait la dureté absolue.

Chez Raymond, les mots qui consolent ne venaient plus. Tout était allé trop loin dans la désespérance. Il avait alors eu une idée, peut-être un peu naïve ; c'est la seule qui lui était venue pour redonner un peu d'espoir à Bernard. « Je lui ai dit : quand tu seras rendu de l'autre côté, arrange-toi pour que je rencontre ta fille. Dis-lui qu'elle vienne me voir lorsqu'elle sera plus grande. Je lui expliquerai quel père aimant tu étais. Elle pourra se réconcilier avec toi. »

Raymond avait encore rendu visite au malade. La dernière fois qu'il l'avait vu, Bernard savait que tout était sur le point d'être terminé pour lui. Mais il ne voulait pas mourir seul.

« Je me suis couché près de lui et je l'ai tenu par la main jusqu'à la fin. Il est parti ainsi. »

À ses funérailles, Raymond s'était inspiré des Béatitudes, ce superbe texte de l'Évangile de Matthieu – « Heureux ceux qui pleurent… Heureux les cœurs purs… » – pour réconforter ceux qui l'aimaient :

« Bernard avait faim de justice, de pardon, de miséricorde et vous lui avez donné à manger. Il avait soif de tendresse, d'affection, d'amour et vous lui avez donné à boire. Il était devenu pour plusieurs un étranger, un pestiféré et vous l'avez accueilli. Il était nu, il avait tout perdu et vous l'avez revêtu. Il était malade et vous l'avez soigné. Il était prisonnier des préjugés du monde […] et vous êtes allés jusqu'à lui. »

Puis il s'était adressé directement à tous les membres de la famille de Bernard, les nommant un à un devant tous les fidèles. « C'est cela, vivre l'Évangile ! Lorsque, moi, je vois des chrétiens vivre des pages complètes d'Évangile, je suis heureux et fier d'être prêtre. »

Plus de deux décennies plus tard, l'abbé Gravel ne pouvait se rappeler la mort de cet ami sans émotion. Une seule question le hantait encore.

« Est-ce que, depuis, sa fille est venue vous voir ?

— Non. J'attends toujours. »

Il ajoutera :

« Je suis certain qu'un jour je vais la rencontrer. »

Car l'espérance est ce qui reste au chrétien quand il estime que tout est perdu. Combien d'autres sidéens Raymond a-t-il accompagnés ? Des dizaines. « C'était atroce. Beaucoup étaient abandonnés, même par leurs propres familles. » Au milieu des années 1990, l'arrivée de nouveaux traitements a permis de donner un peu d'espoir aux malades. Raymond avait alors eu l'idée de transformer un presbytère trop grand en maison pour sidéens, dont la maladie, sans avoir disparu, faisait l'objet d'un suivi médical. Ils pourraient y être accueillis, soignés ; ils pourraient y mener, au milieu des villageois, une vie à peu près normale. Ce serait un bel exemple de charité chrétienne et de solidarité humaine. Une communauté religieuse masculine était prête à prendre en charge ce futur centre. Raymond avait pensé à tout, sauf à une chose : la réaction des marguilliers. Une école se trouvait à proximité du presbytère. Les enfants pourraient être mis en contact avec ces porteurs du VIH – virus de l'immunodéficience humaine –, ainsi qu'on le disait plus couramment. Le projet fut refusé. Raymond plaida sa cause, en vain. La peur et les préjugés avaient vaincu l'espoir qui fait prendre des risques.

« Cela est paradoxal, constatera Raymond Gravel en faisant le bilan de ces années difficiles. La crainte du sida a permis de faire parler de l'homosexualité et de favoriser l'intégration des homosexuels à la société. Bizarre. »

La femme élégante

Il devra aussi composer, dans les premières années de son ministère, avec une autre réalité. Encore une fois, à partir d'un cas bien concret, il sera forcé de s'interroger sur l'attitude de l'Église catholique – son Église.

Un matin, une femme lui téléphone. Elle est d'une autre paroisse que la sienne. Elle veut absolument le voir. Il lui explique qu'il a beaucoup de travail et qu'elle devrait s'adresser au prêtre de son église. Elle insiste : « Je veux vous voir, s'il vous plaît ! » Il lui donne rendez-vous pour le lendemain.

À l'heure dite, une dame dans la soixantaine, digne et vêtue avec élégance, se présente à son bureau. Ce n'est pas ce qui frappe Raymond. Elle a prématurément vieilli. Ses traits sont creusés de rides. Elle est venue à lui après avoir entendu dire qu'il n'était pas semblable aux autres prêtres, du moins pas à ceux qu'elle a connus.

« Monsieur l'abbé, pouvez-vous me libérer ? »

Elle entreprend alors une confession que Raymond n'aurait jamais cru entendre. Elle est mariée depuis une quarantaine d'années à un homme qu'elle aime toujours. Elle a eu trois beaux enfants. Elle a des petits-enfants. Mais sa vie en apparence heureuse en cache une autre, connue d'elle seule. Croyante depuis toujours, élevée par des parents catholiques d'une sévérité extrême pour tout ce qui concerne les bonnes mœurs, elle porte, depuis l'adolescence, un secret qui a empoisonné sa vie. Amoureuse d'un garçon de son âge, innocente comme on peut l'être alors, n'ayant à sa disposition aucun moyen contraceptif, elle est devenue enceinte. Terrifiée à l'idée d'affronter sa mère et son père, elle a réussi, avec l'aide d'amies discrètes, à s'avorter elle-même. Ce fut une expérience dangereuse physiquement et pire moralement. Elle avait sauvé sa réputation, mais elle avait assassiné un être humain ;

du moins, elle voyait ainsi les choses. Incapable de supporter ce secret, elle était allée s'en confesser. Le curé qui l'entend, loin de lui accorder l'absolution, la traite de tueuse et lui promet le châtiment de l'enfer à sa mort. Ce qu'elle a fait est impardonnable. Elle ressort brisée du confessionnal, ne trouvant plus le repos de l'esprit. Les années passent… Elle se marie et pense que donner la vie vaudra pour celle qu'elle a supprimée. Rien n'y fait. Le remords la ronge. Au moins, si elle était incroyante, ou non pratiquante, ou simplement superficielle, elle aurait pu oublier. Sa foi chrétienne est pour elle la cause de son supplice.

Dans la quarantaine, elle fait avec son mari un pèlerinage dans un des grands sanctuaires du Québec. Elle se présente à un confesseur, étant certaine, après tant d'années, de recevoir l'absolution pour cette faute de jeunesse. Après avoir écouté le début de ses aveux, il l'interrompt, s'indigne, ne veut plus l'entendre, la chasse. Non, elle ne sera jamais pardonnée !

« Monsieur l'abbé, dit-elle à Raymond, j'ai malgré tout continué de croire et de pratiquer, la foi demeurant un élément important dans ma vie. Mais chaque fois que j'entendais un représentant de l'Église condamner les femmes qui avaient dû se faire avorter, j'avais l'impression qu'on m'entrait un couteau dans le cœur. »

Cette confession perturba Raymond. Depuis le début de ses activités pastorales, il n'avait jamais eu à faire face à une telle situation. Il se serait fermé les yeux qu'il aurait revu la pécheresse qui avait inondé les pieds de Jésus de ses larmes et les avait essuyés avec ses cheveux (Luc 7, 36-50). Sans l'interroger sur les fautes qu'elle avait pu commettre ni établir leur gravité devant les hommes, le

Christ lui avait dit : « Tes péchés sont pardonnés. Ta foi t'a sauvée, va en paix. » Comment des prêtres, en parlant au nom de Jésus Christ, ont-ils pu refuser à cette femme ce pardon qu'elle réclamait ? Dans l'Église catholique, dans cette Église qu'il aimait tant, les prêtres étaient-ils autre chose que des *padre* sur un champ de bataille qui, sans les juger, redonnent un ultime espoir aux soldats gravement blessés ou mourants ?

Ce jour-là, l'abbé Raymond Gravel a pris tout le sens des mots et des gestes millénaires que de simples hommes, grandis par le sacerdoce, prononcent et effectuent au nom d'un Dieu de pardon.

La femme qui l'a quitté n'avait pas oublié qu'elle avait dû interrompre une grossesse non voulue et dont la conséquence demeurait, près de cinquante ans plus tard, aussi grave. Mais elle avait pu se réconcilier avec elle-même. Enfin, elle avait été pardonnée.

Raymond commençait à trouver que, pour certains prêtres, les fautes des femmes étaient terriblement plus condamnables que celles des hommes. Ces fameux confesseurs auraient-ils remis ses péchés à l'adolescent qui avait mis sa jeune compagne enceinte en l'abandonnant ensuite à sa douleur ? Lui auraient-ils remis ses péchés ? Assurément.

Il existait aussi – son propre passé le lui rappelait que trop bien – une frange importante de l'Église catholique qui plaçait la rigueur des dogmes avant les exigences d'une pastorale se vivant avec les hommes et les femmes de son temps.

Quelques mois plus tard, une paroissienne lui téléphona. Une de ses bonnes amies, une Montréalaise, se mourait du cancer à l'unité des soins palliatifs de l'Hôpital Notre-Dame. Elle partageait sa vie avec un homme depuis vingt-cinq ans. L'Église avait par contre refusé de les marier puisque son compagnon était divorcé. Croyante, elle n'en avait pas moins continué d'aller à la messe tous les dimanches. Son curé, un intégriste, lui rappelait souvent que son état de « concubine » la conduirait directement en enfer. Mais, pour elle, l'amour de son homme était plus fort que cette menace.

Son cancer changeait tout. Elle avait été opérée, sans succès. Elle n'en avait plus que pour quelques jours à vivre. « Monsieur l'abbé, s'il vous plaît, je suis sûre que vous pourrez faire quelque chose pour elle. »

Raymond s'était rendu à Montréal. En pénétrant dans la chambre, il avait vu une femme alitée, le visage d'une blancheur de craie. À ses côtés, un homme dans la cinquantaine avancée lui épongeait le front avec une serviette. Lorsqu'il avait aperçu ce prêtre dont on lui avait tant parlé, il avait voulu se retirer, le laisser seul avec sa compagne. « Non, lui avait dit Raymond, je viens vous voir tous les deux. » Il s'était approché du lit et, l'heure suivante, il n'avait pratiquement rien dit, n'écoutant que le couple. Puis, à brûle-pourpoint, il leur avait demandé : « Que signifie le mariage, pour vous ? » L'homme et la femme s'étaient regardés et, presque ensemble, lui avaient répondu :

« L'amour.

— Et vous vous aimez ?

— Encore plus qu'avant. »

Au nom du Père…
Alors Raymond se pencha et, de la trousse qu'il avait posée près de sa chaise, retira son calice, une custode

contenant quelques hosties, une étole. Il réclama les joncs que le couple s'était mutuellement échangés il y a fort longtemps et les déposa sur une patène. Il dressa un autel sommaire et, sans célébrer toute la messe, demanda au Seigneur de bénir l'union de l'homme et de la femme qui se trouvaient avec lui. Il consacra les hosties et ils communièrent tous les trois. Il bénit les joncs, prit le premier, le tendit à la malade et lui demanda : « Consentez-vous à prendre pour époux Jean-Pierre ici présent ? – Oui, je le veux. » Elle glissa le jonc à l'annulaire de son compagnon. Raymond prit l'autre jonc, se tourna vers l'homme et lui posa la même question ; il obtint le même consentement. Avec une infinie délicatesse, Jean-Pierre passa la bague au doigt de la femme qu'il aimait. Raymond leva la main droite et dit : « Puisque vous vous aimez, au nom du Père, du Fils et du Saint-Esprit, je vous déclare mari et femme. Vous pouvez vous embrasser. »

Puis, d'un ton moqueur, il ajouta : « Vous avez la permission de l'Église. »

Il repéra une bouteille de Cinzano à demi vide sur le rebord de la fenêtre. Enjoué, il lança : « Il faut fêter ça ! »

Il alla chercher des verres de plastique que l'on trouve en abondance dans les hôpitaux, y versa deux doigts de vermouth. Les nouveaux mariés célébrèrent leur bonheur.

Quelques jours plus tard, Raymond apprit que la femme était morte. Son mari se trouvait à ses côtés.

Un autre cas allait attirer son attention.

Au début de son ministère, il voyait parfois, à la messe du dimanche, un couple dans la soixantaine s'avancer vers lui à la communion. Il apprit à connaître cet homme et cette femme. Un jour, il risqua une question, « Depuis combien de temps êtes-vous mariés ? », pour se faire répondre : « Monsieur l'abbé, aux yeux de l'Église, nous ne le sommes pas. »

Leur histoire est classique. Tous deux s'étaient mariés trop jeunes sans avoir eu le temps de connaître leur partenaire, et leur première union avait été un échec. Ils s'étaient rencontrés après avoir connu les tensions et les peines d'un divorce. Ensemble, ils avaient retrouvé l'amour. Puisqu'ils avaient l'un et l'autre la foi, ils auraient bien aimé s'épouser à l'église. Ils avaient rencontré un prêtre, qui, loin de les accepter, leur avait sévèrement reproché de vivre en état de péché mortel permanent. Ils avaient tourné le dos à cette religion qui les rejetait. Ils avaient vécu quelques années ensemble, avant d'officialiser leur union par un mariage civil. L'arrivée d'un jeune prêtre dans leur paroisse, les échos favorables qui leur parvenaient sur son ouverture, avait suscité leur curiosité. Ils avaient assisté à une de leurs premières messes du dimanche depuis fort longtemps. À l'homélie, ils n'avaient pas été déçus. L'abbé Gravel avait entretenu les fidèles de l'amour infini de Dieu. Avec lui, ce n'était plus un Dieu vengeur et méchant ; c'était un Dieu qui ne jugeait pas, qui comprenait nos faiblesses d'autant plus qu'il nous avait créés. À la communion, il était sorti du texte liturgique pour, tenant l'hostie au-dessus de sa tête, prononcer des paroles que le couple ne se rappelait pas avoir entendues dans une église : « Tous et toutes sont admis à la table du Seigneur. » Ils avaient communié.

Quelques semaines plus tard, ils avaient accepté de se prêter à une cérémonie qu'ils jugèrent d'abord impensable. À la messe du dimanche, avant la communion, l'abbé Gravel les avait invités à le rejoindre dans le chœur, près de l'autel.

Aux fidèles silencieux, guère habitués à une telle initiative, Raymond avait présenté Richard et Monique. « Ils sont mariés depuis trente ans. Cela se souligne. Je vais bénir leur union. »

Là aussi, il avait emprunté leurs joncs pour qu'ils se les passent au doigt. Il leur avait demandé de s'embrasser. La foule les avait applaudis avec chaleur, ainsi qu'on devait le faire dans les premières décennies du christianisme, lorsqu'un des gentils était accepté dans l'assemblée des croyants. Richard avait regardé Monique. Des larmes coulaient sur ses joues.

L'abbé Gravel était allé encore plus loin dans sa pratique pastorale. Dans l'une de ses premières paroisses, chaque dimanche, deux hommes allaient communier. Il sut rapidement qu'ils vivaient ensemble. Dans l'église, personne n'aurait songé à les montrer du doigt. Pendant qu'au Vatican l'Église universelle se figeait dans ses pratiques recommandées ou bannies, multipliant les interdits et les excommunications, des millions de catholiques dans le monde avaient évolué vers une foi plus inclusive. Il en était ainsi au Québec.

Un dimanche, l'abbé Gravel répéta le même geste avec les deux hommes. Il les fit approcher de l'autel et, aux fidèles qui les connaissaient, déclara : « Guy et Benoît s'aiment depuis vingt ans. Vous savez qu'il m'est interdit de les marier. Mais vous accepterez sûrement que je bénisse leur union. » Ce qu'il fit.

Aux quelques paroissiens qui s'en offusquèrent, il rétorqua : « On me demande de bénir des sacs d'école et des motos, pourquoi n'aurais-je pas le droit de bénir deux hommes qui s'aiment? »

La phrase avait des allures de fronde. Il n'en était pourtant rien. Jeune prêtre, Raymond Gravel étonnera bien plus par son style personnel, impulsif et même juvénile que par des dissertations théologiques ou doctrinales. Son passé l'inscrivait dans une pastorale de terrain. L'Église n'était pas une maison propre qui ne recevait que les gens bien. Elle était une roulotte qui se promenait dans les villes et les campagnes en y accueillant d'abord ceux qui avaient faim et soif, ceux qui avaient froid.

Il le vérifierait encore une fois. Vicaire, il connut dans sa paroisse un policier ultraconservateur, qui ne pouvait concevoir que l'on puisse désobéir à la loi. Bon catholique, il payait sa dîme rubis sur l'ongle, donnait aux bonnes œuvres, faisait partie des clubs sociaux qui venaient en aide aux défavorisés de son entourage. Il se trouvait chanceux, et il en remerciait le ciel. Chaque matin, il faisait trois quarts d'heure de route pour se rendre à son travail; et, chaque soir, il revenait dans la petite municipalité où il avait choisi depuis longtemps de s'établir et où il était connu de tout le monde.

Ce policier – appelons-le Armand – avait toutefois un talon d'Achille. Il ignorait ce que beaucoup de gens savaient, en se moquant de lui: pendant qu'il faisait ses rondes, son épouse fréquentait d'autres hommes. Lorsqu'il finit par l'apprendre, il ne demanda pas le divorce, qui était contraire à ses principes. Il ne la blâma même pas, prenant sur lui la responsabilité des aventures de celle qu'il aimait. Il avait associé son caractère enjoué au plaisir qu'elle éprouvait de partager sa vie, alors qu'il était plutôt un signe de légèreté. Il se reprocha d'avoir été un mari trop absent, au travail le jour, dans ses réunions le soir, au golf les week-ends. Sa bonté, proche de la faiblesse, se retourna contre lui. Il se culpabilisa au point de se détruire lui-même. Toutes les valeurs qui avaient été les siennes s'effondraient. Il sombra dans une profonde dépression qui inquiéta un de ses grands amis, policier lui aussi. Il prit contact avec Raymond.

« Tu devrais aller voir Armand. Il n'est pas bien. »

L'abbé Gravel le retrouva dans un motel. Lorsqu'il en poussa la porte, il crut distinguer, dans la pénombre, un homme assis sur le lit, un fusil dans la bouche.

Il ne s'était pas trompé. Pétrifié, il ne put que dire :

« Armand, arrête ça ! Tu sais bien que j'ai peur des armes à feu. »

Le policier laissa passer quelques secondes avant de déposer son arme. Il enfouit son visage dans ses mains et éclata en sanglots. Raymond sut que l'homme venait de toucher le fond du désespoir et que rien de pire ne pouvait lui arriver.

Armand est décédé des années plus tard, du cancer. « C'était un homme entier. Il m'aimait bien, je crois », conclura, simplement, Raymond Gravel.

« Ce sont mes expériences qui m'ont amené à critiquer l'Église, qui est passée à côté de sa mission lorsqu'elle a abandonné ce qu'elle devait faire. Dans l'Évangile, Jésus n'arrête pas de parler des orphelins et des veuves. Pourquoi ? Parce que, à son époque, c'étaient des gens qui n'avaient pas de droits. Si personne ne voulait les prendre en charge, ils étaient dans la rue. Voilà pourquoi Jésus a dit qu'il faut prendre soin des veuves et des orphelins. Aujourd'hui, qui sont les veuves et les orphelins ? Ce sont les sidéens, les handicapés, les femmes qui ont avorté, les criminels. Si l'Église ne prend pas la défense de ces gens-là, je le répète, elle passe à côté de sa mission. »

Chapitre 5

Les murs des doctrines

Le jeune prêtre qui, le lundi 30 juin 1986, au lendemain de son ordination, retourna à la paroisse Saint-Joachim-de-la-Plaine, où il allait désormais exercer son ministère, était animé des meilleures intentions du monde. Il lui semblait que, pour la première fois de son existence, il éprouvait cet équilibre de tous ses sens et ce calme de toutes ses émotions qu'on appelle le bonheur.

Il se réjouissait d'être le représentant d'une Église qui, en 1978, avait élu son premier pape non italien depuis 1520, Jean-Paul II. En 1984, Raymond avait collectionné les articles de journaux qui avaient relaté sa visite au Canada, au Québec en particulier, fasciné par son charisme, sa maîtrise des médias et une ouverture d'esprit qui en faisait assurément le continuateur des réformes rituelles et dogmatiques initiées par Jean XXIII et le concile Vatican II.

Raymond était aussi heureux parce qu'il allait retrouver un curé qu'il avait appris à apprécier, Pierre-Gervais Majeau, lorsque, stagiaire encore, il s'était impliqué avec un zèle peu courant dans plusieurs des mouvements paroissiaux. Ce dernier lui faisait penser, sauf par ses manières d'intellectuel un peu distant, à Aurélien Breault, dont il était le cousin, qui exerçait maintenant son ministère à la cathédrale de Joliette. De six ans l'aîné de Raymond, le curé Majeau souscrivait aux méthodes pastorales nouvelles qui, croyait-on encore, allaient ramener à l'Église les centaines de milliers de Québécois qui, depuis vingt ans, s'en étaient éloignés sans la renier. Il croyait également que les prêtres devaient renouveler leur enseignement et, dans cet esprit, il irait entreprendre, trois ans plus tard, une maîtrise en théologie biblique.

Les années 1980 ont représenté, pour le clergé progressiste québécois, la période des ultimes espoirs. La saignée qui avait marqué l'Église locale, avec les sorties massives des communautés religieuses et le retour à la vie laïque pour beaucoup de prêtres, paraissait terminée. Si les historiens du catholicisme et l'épiscopat lui-même cherchaient encore les causes de cet exode, d'autres – et Raymond était de ceux-là – préféraient tourner le dos à cette période sombre et envisager l'avenir avec optimisme. Sans se croire investis d'une mission divine, un discours lénifiant qui renvoyait à une mystique du passé qui n'était pas la leur, ces prêtres comptaient sur une bonne organisation, sur leur implication totale dans un magistère modernisé et sur une liturgie renouvelée pour plaire aux nouvelles générations sans lesquelles le catholicisme se réduirait comme une peau de chagrin.

Le Raymond Gravel qui, en ce soir du 30 juin 1986, prit possession de sa petite chambre à l'étage du presbytère de Saint-Joachim-de-la-Plaine ne contestait aucunement les directives qui venaient de Rome. Il n'était pas un nostalgique des messes en latin et de la domination du clergé sur une population docile, loin de là. Cette période, dont trop de vieux prêtres s'ennuyaient, était révolue. Lui voulait promouvoir une nouvelle Église, dont il lui semblait que le pape Jean-Paul II incarnait l'avant-garde, qui allait faire une plus grande place aux femmes, laisser plus de libertés aux prêtres, s'ouvrir davantage aux divorcés, ne plus qualifier l'homosexualité de «déviance coupable», et aller, tel Jésus, vers les malmenés de la vie. Il n'avait guère à le crier tellement il lui paraissait clair que cette voie était la seule dans laquelle il devait se diriger.

Un de ses premiers engagements fut envers un mouvement catholique plutôt conservateur, fondé en Nouvelle-Angleterre à la fin du dix-neuvième siècle par un prêtre d'origine irlandaise, qui avait vite recruté des membres chez les immigrants canadiens-français, avant de s'implanter au Québec où il comptait plus de cent mille membres : les Chevaliers de Colomb. Il y adhéra le 7 février 1987 et, rapidement, on lui accorda un traitement particulier. Le Bureau des directeurs suprêmes de l'Ordre, aux États-Unis, lui émit une carte de membre honoraire à vie «qui vous identifiera à vos Frères Chevaliers comme un membre dévoué aux principes des Chevaliers de Colomb». Le diplôme qu'on lui remit à cette occasion fut classé dans l'une de ces boîtes de carton qu'il accumulera avec les années et dont le contenu sert aujourd'hui à remonter le fil de sa vie.

Le curé Majeau témoignera d'ailleurs du peu d'engagement social ou politique de Raymond Gravel à cette époque. La cause des ouvriers exploités ne semble alors pas le préoccuper. L'avenir politique du Québec non plus. Du moins pas avant que les circonstances ne l'amènent à se découvrir des convictions nationalistes que personne, évidemment, ne remettra en cause tant il sera alors devenu célèbre. Il ne faut pas se laisser tromper par le fleurdelisé qu'il finira par suspendre à sa fenêtre le 24 juin. Cette fête des Canadiens français, qui deviendra « nationale » avec l'élection du Parti québécois, lui servait aussi, dans ses homélies, à raccrocher l'histoire du peuple québécois à celle d'une Église catholique qui ne l'avait pas trop mal protégé et dont il se faisait le héraut.

Raymond Gravel, à ses premières années de prêtrise, alors qu'il sera vicaire à Saint-Joachim-de-la-Plaine (1986-1987), à Sainte-Geneviève-de-Berthier (1987-1989), à Saint-Henri-de-Mascouche et Saint-Benoît-de-Mascouche (1989-1991) et de nouveau à Saint-Henri-de-Mascouche (1992-1994), se consacrera à son apostolat. Il est partout. Impliqué dans le Mouvement des Cursillos depuis 1984, il en deviendra l'aumônier dès le début de sa prêtrise ; il y restera quinze ans, encourageant des couples catholiques à vivre leur foi. En 1986, il devient l'aumônier, pour les douze années suivantes, du mouvement scout. Il commence à écrire ses premiers articles dans des revues diocésaines, tous se rapportant au magistère de l'Église.

Bon chanteur, doté d'une voix de baryton, il s'occupera de la chorale des paroisses où il exercera son ministère, y compris dans celles où, après 1997, il sera nommé curé : Saint-Calixte-de-Kilkenny (1994-1997),

Saint-Jean-de-Matha et Sainte-Émélie-de-l'Énergie (1997-1998), L'Épiphanie (1998-2002), Saint-Roch-de-l'Achigan (1999-2000) et Saint-Joachim-de-la-Plaine (2002-2006). Il prendra aussi le temps d'enseigner au collège de L'Assomption de 1989 à 1991, puis de 1993 à 1997, année où il deviendra responsable de l'enseignement biblique pour le diocèse de Joliette.

Entre-temps, il sera devenu aumônier des pompiers de Berthierville (1987-1989) et, à partir de 1993, de ceux de Mascouche, auxquels il demeurera attaché toute sa vie, baptisant leurs enfants, célébrant leurs mariages et leurs funérailles, les visitant plusieurs fois par année, répondant toujours à leurs appels, en dépit de toutes ses autres occupations. Pendant vingt ans, ces hommes au métier rude lui renouvelleront toujours leur confiance et leur affection jusqu'à le défendre quand il sera attaqué publiquement et, en juillet 2014, un mois avant sa mort, à vouloir perpétuer sa mémoire en donnant son nom à leur caserne.

Il trouvera encore le temps, à partir de 1989 et jusqu'à ses dernières forces, de célébrer baptêmes, mariages et funérailles dans les régions de Montréal et de Lanaudière, parfois plus loin, répondant au souhait d'un ami ou d'une simple connaissance, quittant ainsi le territoire de sa paroisse ou de son diocèse pour pénétrer dans celui de confrères qui y prendront parfois ombrage et s'en plaindront même à l'évêché. «Je ne peux pas dire non», soutiendra toute sa vie celui qui aimait pourtant dire oui à ceux et celles qu'il aimait. «J'ai besoin d'aimer et d'être aimé», écrira-t-il et répétera-t-il à ceux qui s'étonneront de son zèle. «Certains jours, nous faisions jusqu'à cinq célébrations. Il nous aurait fallu un hélicoptère. Pendant des années, nous célébrions de quinze à vingt funérailles par mois», se rappellera France Duval, une soprano qui s'accompagne elle-même à l'orgue électrique portable et qui, mariée et mère de deux garçons, trouvera, à partir de 1989, toujours le temps de suivre cet hyperactif dans ses déplacements, jusqu'à ce 15 août 2014, dans une cathédrale de Joliette bondée, où elle chantera sans faillir aux funérailles de celui qui était depuis longtemps devenu son ami.

Faut-il douter de la sincérité chrétienne de ce prêtre qui, trois ans après son ordination, sortant d'une autre de ces nombreuses retraites qu'il s'imposera toute sa vie chez les cisterciens de l'abbaye d'Oka, notera dans son journal: «Seigneur, sois présent au cœur de ma vie; laisse-toi découvrir à travers mes paroles et mes gestes; passe à travers moi pour le ministère que tu m'as donné pour rencontrer ceux et celles qui ont soif de toi, souvent sans le savoir... Donne-moi le courage de t'aimer fidèlement et de me donner à toi et à ton Église avec tout ce que je suis... Fais de moi, Seigneur, un instrument de ta Paix et de ton Amour.»

Où est alors le prêtre «indigne» sur lequel une droite religieuse intégriste et vengeresse s'acharnera plus tard pendant des années jusqu'à vouloir le briser physiquement et émotionnellement? Où est le *renegate priest* que de puissants mouvements catholiques nord-américains dénonceront jusqu'à ce qu'il soit obligé, sous peine d'être excommunié, d'aller s'expliquer dans les dicastères du Vatican?

La longue marche

À la fin des années 1980, à Saint-Joachim-de-la-Plaine – cette ancienne paroisse rurale formée au vingtième siècle des rangs éloignés de Saint-Lin, de Mascouche et de Sainte-Anne-des-Plaines –, c'est plutôt un jeune prêtre qui se souvenait des paroles célèbres de Georges Bernanos, « Quand la jeunesse se refroidit, le reste du monde claque des dents », qui entreprendra une longue marche qui devait le mener à la reconquête du Québec par l'Église catholique.

Pour rejoindre cette jeunesse, il fondera une troupe de théâtre au nom populiste et rassembleur, Tout' nous autres, qui, pendant huit ans, jouera dans les églises et les salles de Terrebonne. De la pièce *Les Belles-Sœurs*, de Michel Tremblay, à l'opéra-rock d'Andrew Lloyd Webber et Tim Rice, *Jesus Christ Superstar*, il ne se laissera arrêter par aucun genre littéraire. Les répétitions se feront le soir, quand les jeunes acteurs et actrices qu'il ne cessera de recruter auront terminé leurs travaux scolaires. L'abbé Gravel y arrivera en courant, parfois sans avoir pris le temps de souper, se montrant exigeant envers ses recrues comme si elles eussent été des professionnelles sorties de l'Actors Studio de New York. « Il nous faisait parfois pleurer », se rappelle Louise Bouffard, qui a joué pour lui et qui prendra plus tard sa relève dans la mise en scène. « Raymond était un perfectionniste, il fallait connaître son texte », renchérit Marc Julien, qui, à seize ans, encouragé par son propre père, le pompier Bruno Julien, rejoignit la troupe du jeune vicaire en jeans. Avec des dizaines d'autres, ils resteront toute leur vie attachés à cet être « rassembleur et charismatique » qui, à la fin de la soirée, en guise de récompense, leur distribuait des *paparmanes,* ces bonbons roses, blancs et verts à la menthe poivrée qu'il traînait sur lui en permanence.

Car il ne doute de rien, ce petit prêtre ! Avec la pièce *Appelez-moi Stéphane,* de Claude Meunier et Louis Saia, qu'il présentera à la polyvalente de Terrebonne et dont les profits iront, une fois de plus, à la fabrique, il promet, par des annonces dans les journaux locaux, que « les spectateurs riront aux larmes ». Le coût d'entrée est fixé à un dollar, « afin que tous puissent en profiter ». Malgré une pareille promesse et un prix aussi dérisoire, il n'exigera de ses six comédiennes et comédiens – amateurs et bénévoles, il va sans dire – rien de moins que la perfection.

Sa passion du théâtre, il l'appliquera aussi dans son ministère. Interpellé par des catholiques qui ont délaissé les messes qu'ils jugent « ennuyantes », il s'emploiera à les dynamiser, jusqu'à choquer une bonne partie des fidèles par des chorégraphies audacieuses, avec chants rythmés et danses exécutées, eh oui ! par des jeunes filles. À Mascouche, il créera un groupe rock de sept musiciens, appelé les Jadys, qu'il invitera dans les églises.

Des années plus tard, des vedettes comme Paul Daraîche viendront animer ses cérémonies religieuses. « Nos célébrations eucharistiques sont devenues, pour la majorité des croyants qui les ont désertées, sans saveur, fades et insignifiantes, reconnaît l'abbé Gravel. En y ajoutant un peu d'air frais par la danse, la gestuelle et le chant, en quoi défigurons-nous la "sainte messe" ? »

Il ne « défigure » rien, en effet ; il ne fait que choquer des centaines de fidèles, souvent âgés, qui voient avec tristesse se taire les orgues anciennes qu'ils ont contribué à payer et disparaître un style liturgique qu'ils affectionnent. L'un d'eux – il a soixante-seize ans – se scandalise dans un article de journal, au début des années 1990, de tant de libertés liturgiques. Raymond l'admoneste : « Il n'y a pas si longtemps encore où des curés, des prêtres et des dirigeants de l'Église menaçaient des affres de l'Hadès toutes personnes qui s'adonnaient à de telles manifestations ; cette nouvelle protestation doit se situer dans ce contexte. » Et paf ! Combien, lui ayant fait un reproche, se verront répondre sèchement ? Beaucoup sont fascinés par son franc-parler, beaucoup d'autres s'en désolent, n'y reconnaissant plus une Église dont ils avaient associé le clergé à une certaine politesse du langage. Son mentor, le curé Breault, l'avait incité à « tourner les coins ronds » quand, en 1984, encore stagiaire, il avait traité de « pisseuse frustrée » une religieuse qui avait osé le reprendre. Il s'était avancé sur un terrain qu'il connaissait peu en traitant, dans un article, du « double malaise » que pouvaient ressentir les bonnes sœurs en étant à la fois femmes et consacrées. Dans une lettre qu'elle lui avait fait – discrètement – parvenir, la religieuse lui avait demandé, en se permettant de tutoyer ce blanc-bec : « Combien de religieuses as-tu rencontrées, as-tu dirigées et qui souffraient du double malaise dont tu parles ? À quoi servent les études si on est incapable de mettre le doigt sur les vrais problèmes ? Je te conseille de rester plus longtemps en stage et de regarder vivre les "bonnes sœurs", tu verras bien que ce ne sont pas toutes des malades. »

Pierre-Gervais Majeau, à son tour, lui conseillera de faire preuve de plus de diplomatie. « Raymond associe cependant la diplomatie à de l'hypocrisie. Et comme il a une personnalité extrême, il peut avoir à la fois de grands admirateurs ou de grands détracteurs », dira-t-il.

« Raymond était travaillant, audacieux et osé dans ses idées et dans ses projets, estimera, trente ans plus tard, celui qui, à trois reprises, sera son curé. Mais ce qu'il pouvait être épuisant ! » Toujours sur la brèche, écrivant la nuit et parlant le jour, fumant telle une locomotive, l'abbé Gravel tenait « la ganse serrée autour du cou » de ceux qui avaient à travailler avec lui, n'en faisant souvent qu'à sa tête, convaincu qu'il était d'avoir raison. Au premier Vendredi saint qu'il eut à vivre avec son vicaire, le curé Majeau lui avait expressément demandé de ne lire que la Passion brève à la première messe de la matinée, deux autres devant suivre aux heures. Raymond avait choisi le texte complet de la Passion du Christ, une lecture qui prend plus d'une demi-heure et qui a retardé le début des cérémonies suivantes, au grand désarroi des centaines de fidèles qui arrivaient à l'église. Son curé, qu'il aimait bien, représentait l'autorité : voilà pourquoi il s'était braqué. Pierre-Gervais Majeau, qui deviendra son ami et collaborera avec lui toute sa vie, avait rapidement saisi ce personnage détestable et attachant à la fois. « Ce n'est pas un être stable et serein. Il a une grande capacité d'indignation. Il t'épuise, mais tu lui pardonnes. »

Outré et blessé

Mgr René Audet comptera-t-il sur ces traits de caractère quand, en 1987, il lui proposera de devenir vicaire à Sainte-Geneviève-de-Berthier ? Raymond Gravel soutiendra avoir alors reçu de son évêque « le mandat de faire partir » le vieux chanoine de quatre-vingts ans qui dirigeait cette paroisse historique depuis vingt-deux ans. Comment ? « Soyez vous-même », lui aurait répondu son évêque avant de l'envoyer à ce qui deviendra un champ de bataille dont il ne sortira pas indemne. Sitôt arrivé dans cette paroisse, il vit un choc. « Je me suis vite rendu compte que le temps s'y était arrêté il y a vingt-cinq ans et que le concile Vatican II y était passé inaperçu », écrit-il un mois plus tard à son évêque. L'église, avec sa nef à trois vaisseaux, est magnifique ; classée « site patrimonial », sa construction s'est achevée en 1787. On y célébrait encore la messe en latin et les fidèles s'agenouillaient à la balustrade pour communier, une patène sous le menton. « De plus, j'ai constaté qu'il y avait une volonté de changement, mais elle était noyée dans une Église triomphaliste dirigée par des clercs prestigieux, issus du concile de Trente et appuyés par une minorité d'individus qui possédaient le pouvoir et l'argent. »

Le deuxième dimanche, Raymond, sans prévenir, se rend donner la communion, debout, au début de l'allée centrale. Il demande à une femme de faire la même chose dans une allée latérale. « Si elle a les mains sales, j'ai aussi les mains sales », dit-il au vieux curé qui, comme espéré, n'en pouvant plus des incessantes récriminations de son nouveau vicaire, part à la retraite.

Raymond s'attelle donc aussitôt à la tâche, se croyant toujours pleinement soutenu par son évêque. Il forme un comité d'initiation aux sacrements pour les jeunes, il met sur pied un comité de préparation au baptême qui était inexistant, il planifie les sessions paroissiales de préparation au mariage, il célèbre jusqu'à deux et même trois messes par jour, participe aux rencontres de parents des deux écoles primaires, encadre les personnes qui travaillent en pastorale, à la Relève, au Mouvement des Cursillos, à la Rencontre (qui réunit des personnes qui désirent intégrer l'Évangile à leur vécu quotidien), au scoutisme, aux cadets de la Marine, chez les pompiers… Il connaît de la résistance. Il ne s'en préoccupe pas. Il a tort.

Au début de décembre, son évêque lui téléphone. Des paroissiens sont mécontents, ils se sentent bousculés, l'abbé Gravel va trop vite. Raymond est outré, « blessé au plus haut point ». Il a toujours considéré, sans le dire, que Mgr Audet était un faible. Cette fois-ci, sa réplique sera cinglante : « Je savais que le seul témoignage du premier venu valait plus à vos yeux que celui de vos prêtres, mais à ce point, ça me dépasse ! »

Il terminera sa lettre sur le même ton : « Je suis doublement déçu de la situation actuelle… Déçu, premièrement, de l'entêtement d'une poignée de personnes qui refusent obstinément toute évolution, et déçu, par surcroît, de l'attitude de mon évêque qui, encore une fois, fait preuve d'une grande naïveté quant aux positions qu'il prend en regard des succès, des échecs et des initiatives pastorales de ses prêtres. »

Il n'est pas étonnant, dans les circonstances, que les moniales dominicaines de Berthierville, qui lui avaient d'abord ouvert les portes de leur abbaye pour qu'il y anime des groupes de partage de la Parole, se soient ravisées. Il faudra l'intervention d'un éminent clerc de Saint-Viateur pour qu'enfin elles consentent à recevoir sous leur toit ce vicaire impertinent pour qu'il y donne des cours sur la Bible à une quarantaine de laïcs.

Il s'exécutera finalement un peu à contrecœur, mortifié par l'attitude de religieuses qu'il respectait. «Cela lui a fait vraiment mal, dira une participante. Pourtant, c'était tellement beau de voir toutes ces personnes avec leur Bible, chercher à comprendre le texte évangélique.»

Une épreuve plus grande attendait l'abbé Gravel. En novembre 1988, un journal régional titrait: «Incroyable histoire: menaces et insultes pour un prêtre de Berthier!» Des lettres anonymes, postées d'une municipalité de Lanaudière, le qualifiaient, entre autres insultes, «de dopé, de faux prêtre, d'imbécile, de fumier». S'il en avait été que de ces mots, Raymond aurait passé l'éponge. Les lettres s'accompagnaient cependant de menaces: «Puisses-tu disparaître de Berthier avant qu'il ne t'arrive malheur! Plus vite tu partiras de cette belle paroisse dont tu es indigne, mieux ce sera. Tu es en train de tout détruire.»

Le Conseil de pastorale l'appuie publiquement, mais dans des termes mous, qui parlent du rôle du prêtre en général: «Un prêtre est un humain en évolution qui a choisi de se consacrer à Dieu dans le sacrement de l'ordre et qui s'engage devant Dieu et les hommes à nourrir spirituellement ses frères et sœurs en Jésus Christ.» Qui dit mieux? Raymond, lui, à son habitude, choisit de répondre à ses détracteurs, selon lui «une poignée de fanatiques d'extrême droite qui refusent catégoriquement toute évolution dans la vie de l'Église. [...] Ces propos me blessent profondément, car je sais pertinemment de qui ils proviennent: d'un petit groupe très minoritaire, impliqué dans le milieu, qui cherche par tous les moyens (pétitions, injures, calomnies, menaces, plaintes à l'évêché) à me démolir».

Études à Rome

C'en est trop. Quelque chose s'est brisé en Raymond Gravel. Au début de l'année suivante, il sera recueilli par le curé Majeau à Saint-Henri-de-Mascouche. Il y passera une autre année, tentera en vain de se faire nommer responsable diocésain des Cursillos, manifestera son désir d'approfondir ses connaissances théologiques, encouragé en cela par le curé Aurélien Breault, se brouillera avec le vicaire général aux affaires économiques du diocèse, Mgr René Ferland, qui lui offrira, en 1991, une honorable porte de sortie en lui proposant d'aller faire sa maîtrise en études bibliques... à Rome !

Passionné par ce projet, tout à la hâte de retrouver une ville qu'il avait adorée en 1978, Raymond Gravel revient à Joliette pour y suivre, pendant trois mois, à raison de trois après-midi par semaine, des cours d'italien avec une enseignante de Berlitz. Il n'a pas le choix : il sait que la grande majorité des cours, à l'Université pontificale grégorienne, se donnent dans cette langue. Il arrive au début de septembre à la vénérable institution dirigée par les Jésuites. Il est hébergé au Collège pontifical canadien, tenu depuis 1888 par les Sulpiciens à l'intention des prêtres du pays « qui viennent poursuivre des études supérieures dans les diverses universités de la Ville éternelle ». Quelque vingt-cinq prêtres, dont une moitié de Québécois, se retrouvent à partager les mêmes repas et à assister à la même messe chaque matin. On y parle italien, anglais ou français, selon les circonstances et les groupes qui se forment. Le service est assuré par des religieuses, qui s'occupent du ménage et de la cuisine. Le soir, Raymond n'aime rien de mieux que d'aller marcher sur la place Saint-Pierre avec quelques confrères. Sa vie est de nouveau calme, heureuse.

Pendant les vacances des Fêtes, il aura le bonheur d'accueillir sa mère, qui se sera rendue à Rome avec Pierre-Gervais Majeau. Il fait des démarches pour qu'elle soit reçue en audience par Jean-Paul II. Une photo la montre avec le pape, qui lui remet un chapelet. À Pâques de 1992, Raymond sera du groupe de prêtres canadiens qui célébreront la messe papale, à la basilique Saint-Pierre. Il sait que l'événement sera télévisé et diffusé au Canada. Il approche le cérémoniaire du pape (qui s'occupe de l'organisation de ses cérémonies religieuses) et lui demande s'il peut le placer quelques instants dans l'angle de la caméra. Le prélat, pour lui être agréable, vient le chercher vers la fin de l'office et l'envoie aux côtés de Jean-Paul II pendant que celui-ci distribue la communion à des religieuses. « Quelques instants, on verra les mains du pape et mon visage en gros plan. Le lendemain, je recevais des téléphones du Québec. On me demandait ce que j'avais payé pour passer à la télévision avec le pape », s'amusera-t-il, assez fier de son exploit.

Il avait prévu que ses études de maîtrise à l'Université grégorienne dureraient deux ans; il les terminera en un an, tout en suivant des cours de grec ancien, qu'il poursuivra les trois années suivantes, et d'hébreu, deux langues indispensables à la lecture exégétique de la Bible, du Nouveau Testament en particulier, dans leurs textes originaux. Pour thème de mémoire, il choisit la conception de Jésus, ou la virginité de sa mère, Marie. Il s'agit d'un travail colossal, qui doit être réalisé avec un directeur de recherche et approuvé par un comité d'universitaires. À Rome, les jésuites, qui n'aiment pas son sujet, lui conseillent de compléter ses recherches à Montréal. Le mardi 16 juin 1992, il est accueilli par des dizaines de parents et d'amis à l'aéroport de Mirabel, au nord de Montréal.

Il retrouve au Québec son ministère où il l'avait laissé. Il est vicaire à Saint-Henri-de-Mascouche, sous la direction de Pierre-Gervais Majeau. Il passera néanmoins son été à remplacer un prêtre malade à Saint-Lin-des-Laurentides. Son évêque, Mgr René Audet, qui avait démissionné pour des raisons de santé en 1990, avait été remplacé, en octobre 1991, par Mgr Gilles Lussier, qui, en son absence, avait appris à connaître ce jeune prêtre turbulent par le rapport qu'on lui avait fait à son arrivée à Joliette: «Monseigneur, on l'a envoyé étudier à Rome puisqu'on ne savait quoi en faire.»

La vérité est que Raymond s'ennuie. Si, à Mascouche, il s'intègre le mieux possible à la vie ecclésiale, il se sent prêt à faire davantage. En 1984, il a obtenu sa maîtrise en études pastorales de l'Université de Montréal. Il arrive d'une grande université romaine. Il pourrait faire forcément mieux. Il réfléchit à des thèmes comme le célibat des prêtres, au sort qu'on réserve aux divorcés, à qui on refuse les sacrements du Pardon et de l'Eucharistie, à l'égalité entre les hommes et les femmes dans une Église qui leur refuse l'accès à la prêtrise et même au diaconat, auquel elles ont eu droit pendant les premiers siècles du christianisme. «Comment peut-on défendre l'égalité homme-femme dans l'Église en refusant à Dieu le droit d'appeler des femmes au ministère ordonné? écrit-il. Comment le Magistère peut-il justifier son refus de reconnaître et d'authentifier certaines appelées?»

Il aura rapidement sa réponse. Le 22 mai 1994, dans la lettre apostolique *Ordinatio Sacerdotalis*, le pape Jean-Paul II se prononce catégoriquement contre l'ordination des femmes. « C'est pourquoi, afin qu'il ne subsiste aucun doute sur une question de grande importance qui concerne la constitution divine elle-même de l'Église, je déclare, en vertu de ma mission de confirmer mes frères (*cf.* Lc 22, 32), que l'Église n'a en aucune manière le pouvoir de conférer l'ordination sacerdotale à des femmes et que cette position doit être définitivement tenue par tous les fidèles de l'Église. »

Pour ajouter au caractère solennel de cette décision, la Congrégation pour la doctrine de la foi, l'un des plus importants dicastères du Vatican, précise que le document relève de l'infaillibilité du pape et qu'il fait partie du « dépôt de la foi », telle une vérité issue des Écritures saintes. Depuis 1981, le préfet de cette congrégation est nul autre que le cardinal Joseph Ratzinger, le futur pape Benoît XVI, reconnu pour son immense science théologique et son absolu conservatisme doctrinal.

Dans sa modeste chambre du presbytère de Saint-Henri-de-Mascouche, l'abbé Raymond Gravel reçoit ce texte comme une gifle. Ce pape, qu'il avait cru progressiste au début de son pontificat, était donc le premier défenseur de « ces murs des doctrines » que l'Église catholique érigeait entre le message de l'Évangile et ses fidèles.

Dans *La Presse* du samedi 11 juin 1994, sous le titre « Rome et l'ordination des femmes : quelle est cette peur qui hante Jean-Paul II ? », Raymond Gravel, qui ne s'attribue que le titre de « prêtre à la paroisse Saint-Henri-de-Mascouche », donne une véritable leçon d'exégèse à la plus haute autorité de l'Église catholique avant de lancer ses questions-chocs : « Quelle est cette peur qui hante Jean-Paul II, qui cherche par tous les moyens à contrôler l'Église ? À uniformiser les communautés chrétiennes des Églises locales ? À déshumaniser les ministres ordonnés ? À défendre aux femmes de prendre la place qui leur revient ? » Et d'ajouter, deux paragraphes plus loin : « Inutile de vous dire mon malaise et ma tristesse dans l'Église de Rome ; comme prêtre, il m'est de plus en plus difficile de prendre la défense de Jean-Paul II : ses décisions politiques dans les pays d'Amérique du Sud ou en Haïti, ses nombreuses condamnations en matière sexuelle, ses semonces répétées à l'égard des prêtres, son double langage sur les droits et libertés m'occasionnent d'amères déceptions. »

« Est-ce trop demander que d'exiger du pape et des responsables de l'Église de nous parler simplement de Dieu, de prendre le risque d'investir le trésor qui nous est confié, en ouvrant de nouveaux sentiers encore inexplorés, pour redire le message d'Amour du Ressuscité au monde d'aujourd'hui ? »

Le prêtre contestataire était né. Dans ce Québec où l'Église catholique avait perdu la parole depuis la Révolution tranquille des années 1960, il deviendra vite la coqueluche des médias.

À l'évêché de Joliette, Mgr Gilles Lussier lira avec stupeur l'article de celui « dont on ne savait que faire ».

Chapitre 6

L'Évangile n'est pas un livre d'histoire

Lorsque l'abbé Raymond Gravel, en 1994, deux ans après son retour de Rome, a commencé à publier des textes qui constitueront la base de son futur mémoire de maîtrise en études bibliques, le nonce apostolique du Vatican à Ottawa a téléphoné à l'évêque de Joliette, Mgr Gilles Lussier. Des plaintes, qu'il jugeait fondées, s'étaient rendues jusqu'à lui. Son observation fut brève : « Je me demande si ce prêtre peut avoir charge d'âmes. »

La démarche extraordinaire du représentant personnel du Saint-Père au Canada n'étonne pas quand on sait que l'abbé Gravel, qui était encore vicaire à la paroisse Saint-Henri-de-Mascouche tout en étudiant à la Faculté de théologie de l'Université de Montréal, venait de remettre en question l'un des fondements du christianisme, soit la conception virginale de Jésus, reconnue depuis le premier concile œcuménique de

Constantinople, en l'an 381, et enseignée comme une vérité de foi par l'Église catholique romaine.

Cette doctrine, qu'il ne faut pas confondre avec le dogme de l'Immaculée Conception selon lequel Marie a été préservée du péché originel, veut qu'elle ait conçu Jésus par l'opération du Saint-Esprit, donc en restant vierge. Joseph, son époux, n'en serait pas le père biologique.

Le malaise du nonce apostolique provenait, en particulier, d'un article que l'abbé Gravel avait publié en avril 1994 dans une revue destinée au clergé, *Prêtre et Pasteur*, sous le titre accrocheur de « La Bible… est-ce vrai tout ça ? » Il y écrivait : « Dire que Matthieu et Luc affirment explicitement que Jésus fut conçu par l'Esprit saint, sans l'intervention d'un père humain, c'est dire en même temps que Dieu, en se substituant au père biologique dans la conception de l'enfant, joue un rôle de géniteur, ce qui ne correspond vraiment pas à l'agir de l'Esprit saint dans la Bible. De plus, dire que le processus de la conception de Jésus est court-circuité par l'intervention de l'Esprit saint, sur le plan biologique, c'est risquer de dire aussi que Dieu ne peut se reconnaître complètement dans l'acte le plus beau, le plus noble et le plus grand, dont il a doté l'humanité : celui de la procréation. On pourrait finalement donner prise à une sorte de mépris de la sexualité humaine ; ce qui ne convient pas au Dieu de Jésus Christ, mais plutôt à l'homme qui, au cours de son histoire, a projeté sur Dieu son incapacité d'assumer son rôle et la dimension sexuelle de son être. »

Cette démonstration, qu'il reprendra mot pour mot en conclusion du mémoire qu'il présentera à la Faculté des études supérieures de l'Université de Montréal en septembre 1998, s'appuyait sur les récits d'enfance de Jésus qu'on peut trouver dans les Évangiles de Matthieu et de Luc, que l'abbé Gravel avait pu lire dans leur version originale, en grec ancien, une langue qu'il connaissait bien. Matthieu (1, 18-25) affirme en effet que Marie « se trouva enceinte par le fait de l'Esprit saint » et Luc (1, 26-38) prête ces paroles à l'ange Gabriel : « L'Esprit saint viendra sur toi et la puissance du Très-Haut te couvrira de son ombre. »

Lorsque surviennent des conflits religieux, il arrive souvent qu'ils découlent de l'interprétation que l'on donne aux textes sacrés. Or, dans le cas précis de ces deux versets, l'abbé Gravel prenait le contre-pied de la position adoptée par la majorité des exégètes et défendait une position minoritaire qui était apparue au dix-neuvième siècle dans l'Église catholique selon laquelle il fallait faire de ces récits une lecture théologique et non littérale. Lui-même actualisera plus tard le récit de Luc et fera de Marie, que la tradition présente comme la mère de Jésus, peu importe qu'elle ait été vierge ou non, « le symbole de l'Église, nouveau peuple de l'Alliance qui devient temple, maison, sein, pour accueillir le Christ qui vient ».

Dans son exposé théologique, Raymond Gravel négligeait un fait, et non le moindre. Dans les églises locales, Rome en convenait, il était normal que la pastorale tienne compte des réalités historiques, culturelles et spirituelles des sociétés qu'elle rejoignait. Or, au Québec, la dévotion à Marie avait pris une telle importance depuis les premières heures de la Nouvelle-France qu'on ne pouvait mettre en doute, sans conséquences fâcheuses, la virginité de la mère de Dieu. Même si elle ne rejoignait encore que les membres du clergé, la polémique était lancée. L'abbé Gravel, qui en était la cause, y entraînait son évêque.

Mgr Lussier, surpris par la remarque du nonce apostolique, ne put que répondre qu'il apprenait à connaître ce prêtre qu'il n'avait pas ordonné et qu'au besoin il ferait avec lui « les mises au point nécessaires ». Il invita alors l'abbé Gravel, ce qu'il fera toute sa vie au cours de leurs entretiens, à faire montre « de pédagogie et de discernement dans la transposition pastorale de sa recherche universitaire ». L'évêque de Joliette, qui détenait lui-même une licence en théologie de l'Université grégorienne de Rome, était bien au fait de ces discussions d'exégètes. Entre biblistes, il était certes intéressant de discourir sur le cheminement de la pensée christologique dans l'Église primitive ou de savoir si les évangiles sont des témoignages de foi plutôt que des récits historiques. Vingt-cinq années de vie missionnaire au Honduras et de ministère en paroisses avaient cependant appris à Mgr Lussier à parler aux fidèles des questions fondamentales de la foi en des termes qu'ils pouvaient comprendre et qui s'inscrivaient dans l'évolution du catholicisme.

Raymond Gravel n'avait pas cette patience. Il estimait que le clergé avait infantilisé les fidèles avec un message chrétien simpliste, basé sur une interprétation de la Bible où les contes naïfs remplaçaient les véritables enseignements théologiques, en prônant l'obéissance absolue à des dogmes et une conformité à des rites vidés de leur sens. Pour lui, seul un retour à la Parole du Christ que l'on retrouve dans le Nouveau Testament pouvait réanimer une foi qui était en train de s'éteindre au Québec.

Un travail pastoral

Ses rapports avec Mgr Lussier avaient pourtant bien commencé. En février 1992, encore étudiant à l'Université grégorienne, il l'avait consulté sur son avenir «en tenant compte de votre expérience pastorale et de votre responsabilité ministérielle». Dans une lettre qu'il avait adressée depuis Rome à cet évêque qu'il n'avait pas encore rencontré, Raymond lui avait détaillé, en italien, la liste des cours qu'il avait suivis et ceux qu'il lui restait à faire en théologie biblique. Il ne lui manquait plus que huit crédits sur trente. Raymond constatait toutefois que le programme offert par l'université romaine ne préparait pas l'étudiant à un travail pastoral paroissial, ainsi que l'offrait l'Université de Montréal. «Je ne voudrais surtout pas ici porter un jugement sur l'enseignement théologique dispensé à Rome ou à Montréal, ajoutait-il. Après avoir étudié aux deux endroits, je dois dire qu'au Québec on n'a pas à envier, d'aucune manière, les institutions romaines sur la qualité de l'enseignement, sur l'approche pédagogique des professeurs, sur la compétence des intervenants et sur la valeur théologique et exégétique du contenu.»

Il fut donc convenu que Raymond reviendrait au Québec en juin 1992 pour y terminer sa maîtrise à l'Université de Montréal. Il s'y inscrivit dès septembre, y compléta ses crédits, et présenta à son directeur de recherche, le bibliste André Myre, les premières versions de son étude préliminaire devant mener à son mémoire de maîtrise. Les années suivantes, il mit ce travail de côté, s'investissant plutôt dans les paroisses où son évêque le nommait. Il sera d'abord vicaire à la paroisse Saint-Henri-de-Mascouche, avec son ami Pierre-Gervais Majeau, puis, à partir de l'automne de 1994 jusqu'en septembre 1997, curé de Saint-Calixte-de-Kilkenny, où il vécut trois années heureuses. Il termina alors son mémoire de maîtrise en études bibliques, un document de cent cinquante-neuf pages, truffé de notes tirées d'ouvrages de quatre-vingt-cinq auteurs et de dix ouvrages de référence, dont la Bible TOB, acronyme pour « Traduction œcuménique de la Bible », publiée par des biblistes catholiques, protestants et orthodoxes, et dont Raymond tirera toute sa vie les citations qui étofferont ses écrits.

Pour comprendre sa pensée, il faut lire les quelque mille cinq cents homélies (dont la plupart sont conservées) et les centaines d'articles qu'il a rédigés pendant ses vingt-huit ans de sacerdoce, y compris durant les onze mois où il aura eu à combattre le cancer qui l'emportera. Car cet homme intense et passionné, contradictoire dans ses pulsions, avec son côté rieur et adolescent, était un bibliste méthodique et rigoureux, qui s'employait à écrire mot à mot toutes ses homélies – ce que beaucoup de prêtres ne font pas, prêchant à partir d'un simple canevas. Combien de gens n'a-t-il pas conquis par sa façon nouvelle, du moins pour les Québécois catholiques, d'enseigner le christianisme en recourant aux sources mêmes de cette foi dont « le génie », pour reprendre le mot de Chateaubriand, a transformé l'humanité ? Le catholicisme de Raymond Gravel était avant tout chrétien et universel, en cela moins porté sur les dogmes et les rites d'une Église à laquelle il est néanmoins demeuré fidèle toute sa vie que sur la Parole de celui qui sera toujours son Maître et son Dieu, Jésus Christ. Il le nommait sans trait d'union, pour bien montrer que l'homme de Nazareth, Jésus, a dû mourir pour que ressuscite le Christ, l'équivalent grec du mot hébreu *Messie*, qui signifie « consacré ».

Ses premières homélies, qui remontent à 1982, alors qu'il entreprenait ses premiers stages sous la direction du curé Aurélien Breault, paraissent bien naïves comparativement à celles qu'il rédigera les vingt dernières années de son sacerdoce, en citant exégètes et théologiens, donnant toujours les références des textes bibliques qu'il commentait. Peu à peu, les noms de Jean Debruynne, Noël Le Bousse, Michel Hubaut, Louis Sintas, Hyacinthe Vulliez, Alain Marchadour, Jean Radermakers deviendront familiers à ses auditeurs et à ses lecteurs lorsque, à partir de 2010, il créera sur Internet le site Réflexions de Raymond Gravel. La qualité des citations qu'il leur empruntera est toujours remarquable. S'il revendique Teilhard de Chardin et Henri de Lubac parmi les auteurs qui l'ont influencé, il citera davantage Thérèse d'Avila, Alphonse de Liguori, Jean de la Croix, Thomas d'Aquin ou saint Augustin.

Quoique maladroites dans leur construction, ses homélies de jeunesse n'en annoncent pas moins le bibliste exigeant qu'il deviendra. Le dimanche de l'Ascension, en juin 1984, alors qu'il n'était encore que stagiaire, il se moquera gentiment de ceux qui « ont essayé de trouver l'endroit précis d'où Jésus était parti pour aller rejoindre son Père » et de ceux qui « ont voulu calculer à quelle vitesse Jésus était monté au ciel ». Intuitivement, il émaillera ses textes de réflexions qui sembleront bien scolaires par rapport aux démonstrations savantes qui viendront plus tard : « À s'attacher à la lettre des mots, on en perd l'esprit et toute la richesse qu'ils contiennent… Les évangélistes ne sont pas des journalistes. Ils ne nous racontent pas un événement dans ses faits historiques, ils nous donnent leur perception de cet événement… Malheureusement, au cours des siècles, nous nous sommes plus souvent attardés à des détails insignifiants plutôt qu'à l'essence même du message chrétien contenu dans les textes de la Parole de Dieu. »

Ces « détails insignifiants », Raymond les identifiera rapidement lorsqu'il sera appelé à donner leur sens chrétien à des événements tels que la Nativité de Jésus. « Noël n'est pas la fête du petit Jésus bonbon ou encore des enfants, comme semblent nous l'imposer nos sociétés commerciales modernes. Noël est la fête de la grande pauvreté de Dieu qui se vit dans le dépouillement le plus total. » Et il donnera l'historique des traditions qui, venues des siècles passés, ont amené la naissance de Jésus dans une crèche, « avec des personnages qu'on ne retrouve pas dans les Évangiles, mais bien dans les récits apocryphes des deuxième et troisième siècles » : les bergers et leurs moutons, le bœuf et l'âne, les rois mages venus d'Orient… « C'est en relisant l'Évangile de Luc que saint Justin, au deuxième siècle, a transformé le lieu de naissance de Jésus en une grotte, en dehors de la ville. Ce n'est qu'au quatrième siècle que l'Église occidentale s'est approprié la fête païenne *Natalis Solis invicti* (la fête du soleil renaissant), au moment du solstice d'hiver, soit le 25 décembre, pour dire que la lumière des chrétiens n'est plus le soleil, mais bien le

Christ ressuscité. [...] Enfin, ce n'est qu'au treizième siècle, avec saint François d'Assise, qu'est apparue la crèche de Noël. »

L'abbé Gravel n'avait que faire du culte envers ce petit Jésus en cire qu'on couchait dans une crèche remplie de paille ! D'ailleurs, les évangélistes eux-mêmes ne savaient rien de la naissance de Jésus. « Ce qu'ils racontent, c'est la naissance du Christ ressuscité qui a été, selon l'expression de Paul, "le premier-né d'entre les morts" (Col 1, 18). Donc la fête de Noël est née après Pâques. Il a fallu que Jésus ressuscite pour qu'on puisse célébrer sa naissance... Et avec sa naissance, c'est en même temps la naissance d'un monde nouveau, commencé à Pâques et qui se continue aujourd'hui, à travers les chrétiens de tous les temps. À chaque année, nous sommes invités à faire naître cette lumière en nous et autour de nous pour chasser toutes les formes de ténèbres de nos existences qui subsistent encore aujourd'hui[13]. »

Cette interprétation de Noël et de la naissance de Jésus n'est pas exactement celle dont les catholiques québécois avaient entendu parler jusque-là !

La dévotion populaire

Homélie après homélie, dans les paroisses où il sera appelé à exercer son ministère, l'abbé Gravel déboulonnera les mythes théologiques qui avaient formé le corpus de l'enseignement catholique au Québec.

Après celui de la naissance de Jésus, il revisitera le récit de sa Présentation au Temple, que le calendrier liturgique célèbre en février. L'enfant qui venait de naître

---

13. Homélie du 25 décembre 2011.

devait y être purifié, selon la tradition juive. Il y fut reconnu par le sage Syméon comme le Messie promis par le Seigneur. Seul l'évangéliste Luc en parle (2, 22-32). L'interprétation traditionnelle rend la joie ressentie par ses parents, Marie et Joseph. Pour Raymond Gravel, cette interprétation est encore infantilisante, en plus d'être fausse. Luc ne raconte pas un événement dont personne ne sait comment il s'est déroulé. Le vieillard lui-même est un symbole qui représente l'Ancienne Alliance, l'Ancien Testament, Israël, et qui nous fera passer à la Nouvelle Alliance, de l'Ancien Testament au Nouveau Testament.

Et l'abbé Gravel de marteler : « Il faut le rappeler sans cesse, les évangiles ont été écrits après Pâques, dans la foi des premières communautés chrétiennes, et ils sont des relectures croyantes d'événements reconstitués à la lumière de Pâques. Ce qui signifie que les récits n'ont pas la prétention de nous raconter ce qui s'est réellement passé. Ces récits veulent nous dire quelque chose de la foi chrétienne de la fin du premier siècle jusqu'à aujourd'hui. »

Il en sera ainsi du fameux récit où un Jésus de douze ans éblouira les docteurs de la loi et qui dira à ses parents, Marie et Joseph, qui s'inquiétaient pour lui depuis trois jours : « Pourquoi donc me cherchiez-vous ? Ne saviez-vous pas qu'il me faut être chez mon Père ? » On le retrouve dans Luc (2, 41-52). Cette scène ne s'est jamais déroulée, l'évangéliste ne sachant probablement rien de l'enfance de Jésus. Alors pourquoi ce récit ? Raymond se joint à Léon Paillot, prêtre français, pour affirmer que Luc a plutôt voulu annoncer aux premières communautés chrétiennes la mort-résurrection du Christ avec Pâques.

« Lorsque le christianisme, explique l'abbé Gravel, est devenu religion d'État au temps de l'empereur Constantin, au quatrième siècle, la curiosité populaire a forgé des légendes qu'on trouve dans les évangiles apocryphes, entourant l'enfance de Jésus, méconnue par les évangélistes eux-mêmes. La dévotion populaire a su développer ces légendes jusqu'à nos jours et plus particulièrement au cours du dix-septième siècle. On a donc fait une relecture matérialiste et fondamentaliste des évangiles, auxquels on a ajouté des histoires provenant des apocryphes pour essayer de dire quelque chose sur Jésus de Nazareth, dans sa vie de tous les jours. »

Et que penser de la multiplication des pains, que l'on retrouve dans Matthieu (14, 13-21), où le Christ, avec cinq pains et deux poissons, a nourri une foule de cinq mille personnes ? Il s'agit d'un récit « théologique, non historique, qui préfigure l'Eucharistie et l'importance des disciples de répandre la bonne parole ». Dès le début des années 1990, dans toutes ses homélies, Raymond Gravel a maintes fois expliqué qu'avec le partage du pain l'évangéliste (qui ne parle pas de multiplication) « nous invite à reconnaître le Christ comme Pain de Vie donné pour la vie du monde ».

Jésus a-t-il marché sur les eaux ? Il s'agit d'une allégorie pour faire comprendre que le Christ « a vaincu les forces du mal » dont la mer est le symbole. « N'est-ce pas cette même absence que l'Église éprouve lorsque sa barque, dans la nuit, est ballottée par les tempêtes de la vie ? Et pourtant, le Christ y est présent : "Vers la fin de la nuit, Jésus vint vers eux en marchant sur la mer" (Matthieu 14, 25). Il a vaincu la mort, il est vivant, il marche sur l'eau, sur les forces du mal et la puissance de la mort. »

D'ailleurs, des « miracles », comme la résurrection de Lazare, illustrent que la mort n'est pas la fin de tout, qu'elle est même une espérance, une renaissance qui préfigure la résurrection, qui annonce « une vie libre et responsable ». Dans ce contexte, il importe peu de savoir si Lazare a vraiment existé ou pas.

La Passion et la Résurrection elles-mêmes s'inscrivent dans cette théologie et cette christologie. Jésus de Nazareth a bel et bien été crucifié. Il est mort et son corps a été déposé dans un tombeau, où il se trouve toujours deux mille ans plus tard. « Nous, on naît et on meurt. Jésus de Nazareth est mort et il est né comme Christ à partir de sa mort, dira Raymond Gravel. La Résurrection, c'est la continuité autrement… après sa mort. Le cadavre n'est pas revenu. Jésus est présent autrement. Il est vivant autrement, à travers l'Église, à travers nous autres. C'est ça, la Résurrection. Le cadavre reste cadavre. La pierre, le linceul sont la matérialité pour dire quelque chose qui est abstrait. Ce n'est pas matériel, ce n'est pas physique. »

Dans ses homélies, Raymond reprendra constamment ce thème du sens chrétien que l'on doit donner à la mort de Jésus qui débouche sur la Résurrection du Christ. Le dimanche 22 avril 2012, il dira : « Il y a des similitudes dans tous les évangiles concernant la Résurrection du Christ : tous affirment que le tombeau est vide, que Jésus est vivant, que ceux et celles qui l'ont vu ne l'ont pas reconnu tout de suite et que le doute et la peur font partie de l'expérience de foi de celles et ceux qui l'ont rencontré. Ce qui signifie que le Christ ressuscité n'est pas le cadavre réanimé de Jésus de Nazareth ; c'est le Crucifié transformé par Pâques. »

« Dans leurs récits de Pâques, avait-il affirmé le 24 avril 2011, les évangélistes veulent nous dire qu'il y a quelque chose de nouveau qui se passe : il y a quelque chose de neuf que seule la foi permet de voir et de reconnaître. Comme Jésus ne peut plus paraître comme avant, puisqu'il est mort, il doit apparaître autrement, puisqu'il est vivant ; et c'est là que la foi permet de voir et de croire. »

Il reliera les fêtes de l'Ascension et de la Pentecôte qui, dans la liturgie de l'Église, suivent celle de Pâques. Le récit de l'Ascension « n'est pas un reportage journalistique d'un événement matériel et historique qui se serait passé à un endroit et à un moment précis ». Il annonce plutôt aux disciples que le Christ doit se séparer d'eux et qu'il leur reviendra désormais d'annoncer la Nouvelle Alliance. Il en va de même de la Pentecôte, racontée par Luc, dans le livre des Actes des Apôtres, qui n'a, non plus, rien d'historique. Il s'agit d'une transposition théologique qui, selon l'abbé Gravel, « nous dit que l'Ancienne Alliance est complètement révolue et qu'avec la Pentecôte, le mystère de Pâques est complété et qu'il s'agit désormais d'une recréation du monde, d'une création nouvelle où l'on retrouve l'harmonie, l'unité, la Loi nouvelle ».

« Pâques, l'Ascension et la Pentecôte, résumera Raymond Gravel dans son homélie du 12 mai 2013, sont trois fêtes chrétiennes théologiques, séparées dans le temps et dans l'espace, pour signifier tout le mystère chrétien : la mort de Jésus, la Résurrection et l'Ascension du Seigneur et la Pentecôte de l'Esprit saint. Mais, dans la réalité matérielle et historique, tout s'est joué le vendredi 6 ou 7 avril de l'an 30, aux portes de Jérusalem, où Jésus a été condamné à mort par le pouvoir juif et exécuté, crucifié par le pouvoir romain. À sa mort sur la croix, il était déjà ressuscité, monté au ciel et son Esprit était déjà donné aux disciples. Jésus en croix était Christ et Seigneur de Pâques. »

Un acte communautaire

Durant toute sa vie de prêtre, Raymond s'est inscrit contre une interprétation littérale des évangiles. « Cette façon de faire est doublement dangereuse. D'une part, à trop vouloir composer une histoire humaine à ce Jésus, devenu Christ et Seigneur à Pâques, par une interprétation littérale des évangiles et en y insérant des histoires souvent farfelues des récits apocryphes, on a fini par déshumaniser complètement le Jésus historique. Qu'on pense à sa conception, à sa naissance, à ses miracles, à sa connaissance et à sa perfection. D'autre part, en matérialisant les récits évangéliques, on a fini par faire disparaître complètement le Christ de nos vies. Comment peut-il être vivant et présent aujourd'hui, si, après sa Résurrection, Jésus de Nazareth, revenu à la vie comme avant, a continué de marcher, de parler, de manger et de partager avec ses disciples, comme avant sa mort, jusqu'à son départ pour le ciel? »

On ne s'étonnera pas de voir Raymond Gravel donner un sens particulier au geste de la liturgie catholique qui rappelle le dernier repas de Jésus avec ses disciples, le Jeudi saint. Cette « dernière Cène », racontée en des termes semblables par les évangélistes Matthieu (26, 26-29), Marc (14, 22-25) et Luc (22, 14-21), est reprise depuis les premiers siècles de l'Église avec les mots « ceci est mon corps » pour le pain et « ceci est mon sang » pour le vin.

Dans l'Église catholique romaine, l'Eucharistie est devenue le sacrement central de la messe. Depuis le quatrième concile de Latran, en 1215, et le concile de Trente, en 1551, elle oblige ses fidèles à croire au dogme de la transsubstantiation, soit la consécration du pain et du vin « réellement, vraiment et substantiellement » transformés en Corps et en Sang du Christ. Cette « présence réelle » du Christ dans l'hostie explique que, pendant des siècles, les catholiques ont communié à genoux, les mains dissimulées sous une nappe de coton, en évitant de toucher à l'hostie, et que, pour être dignes de s'approcher de « la sainte table », les fidèles devaient observer un jeûne eucharistique strict et ne pas être en état de péché mortel.

À partir du treizième siècle, l'Église catholique a célébré cette présence réelle du Christ dans l'hostie lors de la Fête-Dieu (ou fête du Saint-Sacrement), soixante jours après Pâques. Cette cérémonie donnait lieu à une procession dans les rues des villages ou des villes durant laquelle le prêtre, abrité sous un dais, portait le Saint-Sacrement dans l'ostensoir jusqu'à un reposoir. Cette fête fut très célébrée au Québec jusqu'au milieu des années 1960.

Le concile Vatican II a considérablement assoupli ces rites. Il n'a toutefois jamais remis en question le dogme de la transsubstantiation et c'est toujours en prononçant les mots « le Corps du Christ » que le prêtre distribue l'hostie consacrée.

Raymond, sans nier ce dogme, n'a prononcé le mot « transsubstantiation » dans aucune de ses homélies. Il ne fait d'ailleurs pas de la communion un acte individuel, mais collectif. « L'Eucharistie n'est pas une dévotion personnelle qui nourrit l'*ego*, dira-t-il notamment dans son homélie du dimanche 29 mai 2005, jour de cette fête "du Corps et du Sang du Christ"; l'Eucharistie est un acte communautaire qui nous oblige à reconnaître l'autre, les autres, tous les autres, comme des frères et des sœurs afin de nous mettre à leur service. » Qui, alors, est digne de communier? « L'Eucharistie n'appartient donc pas aux purs et aux chrétiens parfaits. Si on a le sens de la communauté, si on est capable de solidarité entre nous, surtout avec les plus faibles d'entre nous, si on reconnaît nos propres faiblesses et nos propres fragilités, si on pratique la charité, l'accueil inconditionnel de l'autre, si on fait preuve de tolérance et de compassion envers les autres… nous sommes dignes de communier, de partager l'Eucharistie. »

Cette générosité dans l'accueil « à la table du Christ », il la proclamera jusqu'à la fin de sa vie. Le 22 juin 2014, malade, affaibli, à moins de deux mois de son décès, il affirmait encore: « Peut-on exclure de la table de l'Eucharistie des personnes? Les divorcés remariés? Les homosexuel(le)s? Les femmes qui ont subi un avortement? Les médecins qui les ont assistées? Les marginaux? Ceux et celles qui ne vivent pas selon les règles de l'Église? Personnellement, je suis convaincu que non! »

S'appuyant sur saint Paul (1 Co 11, 22), il ajoutait: « Les seuls qui ne peuvent communier sont donc ceux qui refusent de partager, ceux qui ignorent les pauvres, ceux qui méprisent les autres, ceux qui condamnent et qui excluent les petits, les mal-aimés, les blessés de la vie; ceux-là sont indignes de communier et de célébrer l'Eucharistie. »

Non à l'exclusion

C'était son testament théologique. Le Raymond Gravel en fin de vie a voulu expliquer le Raymond Gravel des combats entrepris vingt ans plus tôt, en chaire et dans les médias, en faveur de ceux – et surtout de celles – que l'Église catholique excluait.

Ses premières luttes avaient été en faveur des femmes. Il l'avait fait en 1994 avec l'ordination de nouveau refusée aux femmes par le pape Jean-Paul II. Au printemps de 1999, l'actualité lui fournira encore une fois l'occasion de s'en prendre à la rigidité de l'Église envers elles. Au Kosovo, en pleine guerre, des agences des Nations unies avaient pris l'initiative de distribuer la « pilule du lendemain » aux femmes violées. Le 13 avril, le vice-président de l'Académie pontificale pour la vie, Mgr Elio Sgreccia, parlant au nom du Vatican, avait affirmé que la distribution de cette pilule était « une action abortive » qui ne pouvait être acceptée par la morale catholique.

« Personnellement, je suis convaincu du contraire, lui avait répliqué Raymond Gravel dans un article percutant publié dans *La Presse* du 23 avril 1999. Étant donné que le viol est immoral, le fruit du viol l'est tout autant ; et laisser les femmes victimes de viol à elles-mêmes, aux prises avec une grossesse non désirée, est criminel.

« L'Église ne peut plus continuer à tenir un langage d'interdits et de condamnations. Ce faisant, elle prouve, une fois de plus, à la face du monde entier, à quel point elle est déconnectée de la réalité. Messeigneurs les évêques de la Curie romaine, vos paroles doivent réconforter et non pas rabrouer. Faites preuve de miséricorde et non de sévérité. "Si on devait se tromper de Dieu, comme le déclarait saint Alphonse de Liguori, vaudrait mieux le faire en exagérant sa bonté qu'en durcissant sa justice." »

Au Québec, ces propos sont approuvés par la très grande majorité des catholiques pratiquants. Même les évêques trouvent que l'abbé Gravel a raison. Aucun d'eux ne l'appuiera publiquement.

Chapitre 7

« Le Vatican erre »

« Je ne parierais pas beaucoup sur tes chances de devenir évêque », lui avait dit un ami le jour même de la publication de cet article dans *La Presse* du mardi 5 août 2003. Dans un texte qui couvrait plus du tiers de la page éditoriale, Raymond Gravel y fustigeait le Vatican en des termes qu'aucun prêtre québécois n'avait utilisés avant lui sans risquer de se faire montrer la porte de l'institution. Neuf ans plus tôt, il s'était fait une certaine réputation en critiquant la position du pape Jean-Paul II sur l'ordination des femmes ; il dénonçait, cette fois-ci, le refus du Saint-Siège de reconnaître le mariage homosexuel. Sous le titre : « Le Vatican erre. L'Église catholique n'a aucune crédibilité dans le débat actuel sur la redéfinition du mariage », son article était une charge qui, il l'ignorait encore, allait le rendre célèbre dans tout le Canada – et même jusqu'à Rome – et lui attirer des ennuis jusqu'à la fin de ses jours.

Dans ses *Considérations à propos des projets de reconnaissance juridique des unions entre personnes homosexuelles*, le Saint-Siège affirmait vouloir « protéger et promouvoir la dignité du mariage, fondement de la famille, ainsi que de la solidité de la société » et décrétait que « le mariage n'existe qu'entre deux personnes de sexe différent », ce qui n'était pas ce qu'on pouvait appeler une surprise pour les fidèles. Le Vatican se fondait sur l'Écriture sainte pour condamner les relations homosexuelles « comme des dépravations graves », qualifier les actes d'homosexualité « d'intrinsèquement désordonnés », l'inclination homosexuelle « d'objectivement désordonnée » et les pratiques homosexuelles de « péchés gravement contraires à la chasteté ». Le message était clair ! Seule consolation pour les homosexuels, l'Église admettait que « ce jugement de l'Écriture ne permet pas de conclure que tous ceux qui souffrent de cette anomalie en sont personnellement responsables ».

Le document, daté du 3 juin 2003, engageait d'autant plus les catholiques du monde entier qu'il avait été préparé et signé par le préfet de la puissante Congrégation pour la doctrine de la foi, le cardinal Joseph Ratzinger (le futur pape Benoît XVI), et approuvé par le pape Jean-Paul II lui-même. Sa publication survenait à un moment où quelques pays du monde, en particulier le Canada, se préparaient à légaliser les unions entre personnes du même sexe. Le Vatican intervenait dans un débat qui suscitait les passions dans la société civile en décrétant que « le parlementaire catholique a le devoir moral d'exprimer clairement et publiquement son désaccord » en votant contre « un projet de loi favorable à la reconnaissance juridique des unions homosexuelles ». Au pays, des organismes religieux avaient prédit que le projet de loi piloté par le gouvernement libéral devrait mener éventuellement au mariage entre un homme et son chien, entre une grand-mère et son petit-fils, entre un frère et une sœur. L'évêque de Calgary, Mgr Frederick B. Henry, avait même promis l'enfer au premier ministre Jean Chrétien s'il persistait à défendre sa législation sur le mariage.

La conclusion de Rome était sans appel : « L'Église enseigne que le respect envers les personnes homosexuelles ne peut en aucune façon conduire à l'approbation du comportement homosexuel ou à la reconnaissance juridique des unions homosexuelles. Le bien commun exige que les lois reconnaissent, favorisent et protègent l'union matrimoniale comme base de la famille, cellule primordiale de la société. Reconnaître légalement les unions homosexuelles ou les assimiler au mariage signifierait non seulement approuver un comportement déviant, et par conséquent en faire un modèle dans la société actuelle, mais aussi masquer des valeurs fondamentales qui appartiennent au patrimoine commun de l'humanité. »

Dans les pays occidentaux à importantes populations catholiques, cette directive arrivait à un moment où un nombre grandissant de fidèles, et même de membres du clergé, trouvaient le conservatisme de Rome un peu excessif. Cette attitude provoquait même une rupture entre l'enseignement officiel de l'Église et la pratique religieuse dans les paroisses, où les prêtres ne pouvaient tout de même pas chasser les divorcés remariés, les homosexuels et autres « déviants » qui se présentaient à la messe dominicale et aux sacrements. Au Québec, où la plupart des directives de l'Église étaient ignorées depuis les années 1960, ces «considérations» auraient dû normalement être accueillies dans l'indifférence générale.

Raymond Gravel allait changer tout cela ! L'année précédente, son évêque l'avait nommé curé de la paroisse Saint-Joachim-de-la-Plaine, qu'il connaissait bien et où il se sentait à l'aise. Il avait repris son ministère avec ardeur, toujours très proche de ses paroissiens, ramenant les jeunes à l'église en leur faisant une grande place durant les cérémonies religieuses. Il arrivait de L'Épiphanie où, de 1998 à 2002, il avait impressionné par «son écoute des gens dans le besoin, son charisme, ses messes extrêmement dynamiques, intéressantes, touchantes», avait écrit une paroissienne à Mgr Gilles Lussier. Il était toujours aumônier des pompiers de Mascouche et, depuis avril 1996, à leur demande et avec la permission de son évêque et de l'évêque du lieu, il avait accepté d'accomplir la même tâche auprès des policiers de Laval. Le 4 novembre 2002, à l'occasion du cinquantième anniversaire de naissance de l'abbé Gravel, plusieurs dizaines de ses amis proches – anciens de Saint-Gabriel-de-Brandon, ex-paroissiens, pompiers, policiers – lui avaient organisé une fête intime au terme de laquelle on lui avait remis, en guise de cadeau, d'énormes sacs de *paparmanes*. Raymond s'était senti aimé, ainsi qu'il l'avait toujours voulu.

Il était prêtre depuis seize ans et demi. Combien d'années encore pouvait-il servir l'Église ? Quinze ans, vingt ans ? Il s'était bien battu pour y défendre ses idées. Ses amis, ses paroissiens, ses confrères, son évêque, tout le monde savait où il logeait. Il aurait pu choisir de terminer sa vie dans le calme feutré des presbytères. Mais, pour lui, la prêtrise n'était pas synonyme de carrière ; la prêtrise signifiait annoncer l'Évangile et, à l'exemple du Christ, aller d'abord vers les exclus. Un prêtre ne devait refuser personne à la table du Seigneur.

Lorsqu'il avait pris connaissance des « considérations » du Saint-Siège sur le mariage des homosexuels, Raymond avait hurlé. Que le magistère de l'Église se porte à la défense du mariage entre un homme et une femme ne l'étonnait pas. Lui-même n'avait jamais nié l'importance de l'institution. Mais pourquoi le Vatican s'appuyait-il encore sur des textes écrits il y a deux mille ans, dans des contextes sociaux fort différents, pour nier la valeur et la légitimité d'autres formes d'unions, pour condamner, surtout, et dans les termes les plus durs, l'amour que deux êtres de même sexe, hommes ou femmes, pouvaient se porter ? À qui nuisaient-ils ? C'est de cette Église-là dont Raymond Gravel ne voulait plus, celle qui condamne, celle qui torture, sinon physiquement du moins moralement, celle qui excommunie, celle qui désigne à la vindicte de la populace des êtres que Dieu, oui Dieu, a faits tels qu'ils sont, différents de la majorité, avec toutefois les mêmes droits que les autres de s'épanouir. Il lisait et relisait les mots que les deux hommes les plus puissants de la chrétienté, le pape Jean-Paul II et le cardinal Joseph Ratzinger, le préfet de la Congrégation pour la doctrine de la foi, avaient employés pour décrire les homosexuels et, chaque fois, il pensait à ces sidéens qui étaient morts dans ses bras en le remerciant de leur avoir donné un peu d'espérance. Il pensait à ses semblables. Il pensait à lui.

Le droit d'exister

Ainsi qu'il le faisait toujours lorsqu'il avait à rédiger un texte majeur, l'abbé Gravel avait attendu le silence de la nuit pour prendre la plume. Les phrases pour traduire sa pensée s'imposèrent d'elles-mêmes. « Le document concernant le mariage gai qui émane […] du Vatican est discriminatoire, blessant et offensant, non seulement pour les homosexuel(le)s, mais pour toutes les personnes qui travaillent à la promotion de la personne humaine et qui veulent rétablir la justice et l'égalité pour tous. Comme prêtre catholique, je me dissocie de cette condamnation sans appel d'une partie de la population à qui on refuse catégoriquement le droit d'exister parce qu'elle est différente dans son orientation sexuelle. Réaffirmer aujourd'hui que l'homosexualité est une dépravation grave, une anomalie et un comportement déviant, c'est méconnaître complètement la nature humaine et c'est bafouer tout autant les études scientifiques sur le sujet. »

Raymond reprenait un de ses thèmes favoris, à savoir que « la Bible est aussi culturelle et [qu'] une lecture littérale et fondamentaliste ne peut être appliquée aux réalités contemporaines sans tenir compte de l'histoire et de l'évolution des mentalités ; sinon il nous faudrait détruire toutes les images et les représentations de la divinité qu'on possède dans nos murs, refuser toutes les transfusions sanguines et condamner le prêt à intérêts dans nos institutions bancaires, lesquels intérêts permettent à l'Église de subsister.

« C'est pourquoi, continuait-il, l'Église catholique n'a malheureusement aucune crédibilité quant au débat actuel sur une redéfinition du mariage pour le rendre accessible aux personnes de même sexe, puisque le

mariage légitimerait, selon elle, des déviations dangereuses qui porteraient atteinte à la famille, cellule primordiale de la société. Et pourtant, tout le monde sait
que les déviations sexuelles n'appartiennent pas exclu-
sivement aux gais, mais à tous ceux et celles qui doivent
vivre leur sexualité dans la clandestinité. À ce chapitre,
le clergé est passé maître, car de nombreux prêtres fré-
quentent les parcs, les saunas et les toilettes publiques
pour se défouler. En refusant aux homosexuels la reconnaissance qu'ils revendiquent, l'Église les contraint à
demeurer dans la clandestinité au lieu de les aider à
vivre dans la normalité. »

Il frappait, et fort, conscient que son texte choque-
rait beaucoup de ses confrères et fidèles. Il lui fallait
pourtant dénoncer cette Église qu'il aimait tant pour
qu'elle accepte, enfin, d'évoluer, dans la foulée des
réformes annoncées par Vatican II et malheureusement
bloquées depuis quatre décennies. « Encore une fois,
fidèle à lui-même, le magistère de l'Église est complètement dépassé, dépourvu de sens évangélique et dan-
gereusement malade, dans un monde en recherche qui
aurait besoin beaucoup plus d'une parole d'espérance
que d'un verdict de condamnation. […] Comment cette
Église peut-elle encore parler au nom de Dieu? »

Il terminait avec une démonstration sur le sens du
mariage qu'il défendra sur toutes les tribunes. « Le
mariage est la reconnaissance officielle de l'union de
deux personnes qui s'aiment et qui veulent partager
un projet d'amour dans la fidélité, ouvert sur la fécondité. Pour la foi chrétienne, ce projet devient sacrement, puisqu'il signifie l'Amour de Dieu pour l'humanité, l'Amour du Christ pour son Église. Selon cette

définition, deux personnes homosexuelles peuvent aussi bien vivre ce projet amoureux dans la fidélité, ouvert à la fécondité ; un couple fécond n'est pas d'abord un couple qui procrée pour assurer l'espèce, mais un couple qui donne le goût aux autres d'aimer. Dans ce cas, le mariage gai peut devenir sacrement, c'est-à-dire un signe de l'Amour divin et l'adage biblique s'applique assurément : "Ce que Dieu a uni, que l'Église ne le sépare pas." »

Le jour même de la parution de l'article, le téléphone n'a cessé de sonner au presbytère de Saint-Joachim-de-la-Plaine. Des journalistes de tout le Canada sollicitaient une interview du curé rebelle. De simples fidèles voulaient lui faire part de leur réaction, la majorité pour l'appuyer, une minorité pour le traiter de Judas et de prêtre dévoyé. Le lendemain, tous les quotidiens du Québec et beaucoup au Canada anglais reprenaient la nouvelle. Raymond faisait la une des journaux, y compris de l'influent *Globe and Mail* de Toronto. Les jours suivants, des spécialistes sympathiques à l'Église catholique – professeurs de théologie, animateurs spirituels, etc. – reconnaissaient que le message du Vatican « ne passe pas dans notre société pluraliste » ; tous soutenaient que l'Église devait se montrer plus ouverte envers l'homosexualité ; aucun n'allait jusqu'à suivre Raymond Gravel dans son acceptation du mariage homosexuel. Même le très catholique Claude Ryan, ancien directeur du journal *Le Devoir* et ancien chef du Parti libéral du Québec, tout en appuyant le document du Vatican, admettait, dans un long article publié dans *La Presse* du samedi 9 août 2003, que « l'impression a néanmoins été créée que l'Église ouvrait une croisade contre les homosexuels ». Malgré ces avis partagés, Raymond était fier de ce qu'il venait d'accomplir : manifester qu'à l'intérieur de l'Église une position minoritaire existait par rapport à l'homosexualité. Le dimanche suivant, dans son homélie à Saint-Joachim-de-la-Plaine, il avait de nouveau plaidé sa cause. Fait rare pendant une messe, il avait été applaudi avec chaleur.

Le mardi 5 août, le téléphone avait aussi sonné à l'évêché de Joliette. Les journalistes voulaient savoir si Mgr Lussier « punirait » l'abbé Gravel. Sa réaction en avait étonné plus d'un. L'évêque, calme, en parfaite maîtrise de ses émotions, n'avait pas cette intention. « Je respecte la liberté de chacun de s'exprimer, à l'intérieur comme à l'extérieur de l'Église, avait-il déclaré au *Soleil* de Québec. Ce qui ne veut pas dire que je suis d'accord avec ces opinions. Mais mon rôle n'est pas de bâillonner les gens. » Il voulait d'abord rencontrer Raymond Gravel, qui ne l'avait pas prévenu avant de publier son article. « À ma connaissance, l'abbé Gravel n'a pas fait d'abjuration de la foi catholique. Il a émis une opinion. Nous allons échanger là-dessus. »

Une place dans l'Église

Aucun journaliste n'avait pensé que l'évêque de Joliette pouvait être d'accord avec Raymond Gravel sur la condamnation sévère de l'homosexualité par Rome. Le 7 septembre suivant, Mgr Lussier profitera de la tribune que lui donnait tous les quinze jours *L'Action*, un journal régional, pour présenter sa position. « La dignité propre de toute personne doit toujours être respectée indépendamment d'une orientation sexuelle, écrivait-il. [...] Chacun a sa place dans l'Église. Elle invite aussi les familles à ne pas rejeter leur fils ou leur fille qui révèle leur tendance homosexuelle même si cette relation familiale n'implique pas la reconnaissance de l'homosexualité comme modèle social. Chacun doit pouvoir réaliser sa vie. » Dix ans plus tard, il n'a pas changé d'idée. « Le langage, les mots, les expressions utilisés par le Vatican étaient, dans notre contexte, inacceptables. »

Mgr Lussier n'en différait pas moins d'opinion avec l'abbé Gravel sur la reconnaissance, en tant que sacrement, des unions homosexuelles par l'Église catholique. « Là, il a dépassé les bornes. J'ai eu une bonne mise au point avec lui. Je pense qu'il en a pris conscience. » D'ailleurs, les évêques du Canada, en s'immisçant dans ce débat, prendront bien soin de ne jamais condamner les homosexuels. Dans les représentations qu'elle fera auprès du premier ministre du Canada, Jean Chrétien, en septembre, la Conférence des évêques catholiques du Canada défendra « l'union légitime d'un homme et d'une femme à l'exclusion de toute autre personne » par le mariage en gardant une hauteur de ton qui évitait toute provocation.

Cela n'avait pas satisfait Raymond Gravel qui, dans un autre article publié dans *La Presse* du 13 septembre 2003, accusait les évêques de n'apporter aucune solution à ceux qui voudraient « sortir de la clandestinité et exprimer officiellement leur amour ». Subtilement, il n'en reculait pas moins lui-même. « Qu'on donne à cette reconnaissance officielle, à cette union homosexuelle, un autre nom que "mariage", je n'ai aucun problème avec ça, mais nos évêques sont-ils prêts à reconnaître la moralité de ces unions ? »

Ils ne l'étaient pas, et ils ne le sont toujours pas. Le débat sur la définition du mariage était toujours en cours au pays. « Nous continuons à soutenir que le mariage est une alliance d'amour entre un homme et une femme – relation capable d'engendrer la vie », affirmaient-ils le 8 décembre 2004. Raymond crut vite déceler la faiblesse de leur argumentaire. « Qu'on le veuille ou non le mariage actuel, tel que défini par l'Église catholique, [...] ne représente plus qu'un infime pourcentage des mariages qu'on célèbre dans nos églises : mariages de personnes âgées, de veufs et de veuves, de personnes impuissantes ou stériles, de couples dont les familles sont déjà constituées et dont les enfants sont déjà nés d'une relation antérieure. Ces mariages sont pourtant reconnus et bénis par l'Église et portent la marque de la sacralité, écrivait-il dans *La Presse* du 19 décembre. [...] Ce qui signifie que la capacité d'engendrer la vie ne se limite pas à la procréation directe et naturelle ; elle peut prendre d'autres formes : l'adoption locale ou internationale, l'engagement social auprès des familles en difficulté, familles d'accueil ou reconstituées, etc. qui donnent au mariage toutes ses lettres de noblesse et qui permettent aux couples d'être au service de la vie. Dans cette perspective, deux personnes homosexuelles peuvent aussi bien vivre cette alliance d'amour dans la fidélité, relation capable d'engendrer la vie et être signe d'Amour de Dieu pour l'humanité, signe de l'Amour du Christ pour son Église. »

Son article tomba à plat, les évêques ne daignant même pas répondre à ce... pamphlétaire ! Il tira une dernière salve : « Ils s'enferment dans leurs doctrines archaïques et désuètes, définies à une autre époque et devenues non pertinentes pour la majorité des croyants ; ils refusent toute définition du mariage qui permettrait aux couples homosexuels de régulariser leur union et de vivre leur sexualité dans une relation stable, fidèle et féconde, ce qui enrichirait l'institution, sans porter atteinte au mariage traditionnel. »

Raymond n'en continuera pas moins de ferrailler avec son Église, en particulier lorsque le nouveau pape, Benoît XVI, qui avait succédé à Jean-Paul II le 19 avril 2005, songera à exclure les homosexuels du sacerdoce, du moins ceux qui présentent « des tendances homosexuelles profondément enracinées », pour finalement exiger des candidats à la prêtrise, quelle que soit leur orientation sexuelle, une période de chasteté de trois ans. La décision n'était pas tombée sans que Rome ne rappelle que l'homosexualité était « objectivement désordonnée », ce qui avait encore fait réagir Raymond. « Comme prêtre catholique, je me suis senti blessé et méprisé en pensant à mes confrères prêtres qui sont homosexuels – et ils sont nombreux –, qui vivent leur célibat et la chasteté dans la sincérité de leur cœur de prêtre depuis cinq, dix, quinze, voire cinquante ans de ministère », écrira-t-il dans *Le Devoir* du 2 décembre 2005, sous le titre « Le cercle vicieux de l'homophobie ».

Il ne l'avouera pas publiquement, mais il menait alors un combat éminemment personnel. Ces prêtres homosexuels qui vivaient leur célibat et la chasteté « dans la sincérité de leur cœur », il en faisait partie. Il ne l'avait pas nié, il ne l'avait jamais avoué non plus. Abordant son passé avec ses paroissiens, il leur avait toujours parlé de son travail dans les bars gais ; il ne leur avait pas dit qu'il était gai lui-même. Il a été prostitué dans sa jeunesse ;

jamais il n'a admis que sa propre orientation l'avait guidé vers les hommes plutôt que vers les femmes. Raymond, prêtre d'une Église qui refusait aux homosexuels le droit aux sacrements du pardon, du mariage et de la communion, était devenu, il s'en rendait bien compte, peu à peu isolé. On le laissait exercer son ministère en périphérie des normes officielles, parce que dans une société ouverte comme le Québec il eût été inconvenant pour la hiérarchie d'admettre que les homosexuels, les divorcés remariés, les femmes avortées, les drogués étaient des gens qu'on préférait ne pas voir.

Ils existaient pourtant, et un certain nombre d'entre eux étaient croyants. L'Église catholique refusait de marier les conjoints de même sexe. Que faire de leurs enfants, adoptés ou même nés d'une précédente union hétérosexuelle ? Fallait-il leur refuser le baptême ? Le problème se posa en 2005 au Québec. Les évêques crurent trouver la solution en décrétant qu'un seul des deux conjoints pouvait s'inscrire comme « parent ». Certaines homosexuelles refusèrent ce compromis, voulant toutes deux être coresponsables de l'enfant. Des prêtres s'abstinrent, dans ce cas, de baptiser leur bébé ; d'autres invoquèrent le fait qu'elles n'étaient pas mariées. Des couples gais se présentèrent à la paroisse Saint-Joachim-de-la-Plaine, où le curé Gravel baptisa leur enfant en utilisant un subterfuge administratif : il ne remplissait que le registre du gouvernement, qui permettait d'inscrire deux mères, et l'agrafait tout simplement à celui de l'Église… qui demandait à ses prêtres de respecter le formulaire de l'État !

Raymond Gravel, qui se savait incapable de changer les règles de son Église par rapport aux homosexuels, choisit alors de s'afficher de plus en plus comme leur allié et leur défenseur. S'il baptisait les enfants des couples gais, il commença à bénir, à leur demande, leur union. Il ne les mariait pas, il ne faisait que les bénir, parfois publiquement, pendant l'une de ses messes. Deux Français catholiques, qui s'étaient mariés civilement dans leur pays et qui, pratiquants, avaient entendu parler de ce prêtre canadien, avaient choisi de faire leur voyage de noces au Québec. « Ils m'avaient demandé de bénir leurs alliances. Je l'ai fait sans hésiter. » Il le fera avec d'autres hommes et d'autres femmes, sans les juger.

En 2004, il acceptera l'invitation de l'équipe pastorale de la paroisse Saint-Pierre-Apôtre, à Montréal, d'y venir célébrer, tous les mois, la messe dominicale. Dans cette église, située au cœur du quartier gai, une grande majorité des fidèles font partie de cette communauté. Depuis 1996, une flamme y brûle en permanence à la mémoire des victimes du sida.

Cette même année, Raymond a reçu de la Fondation Émergence, qui se voue à la défense des personnes lesbiennes, gaies, bisexuelles et transgenres (LGBT), le prix Lutte contre l'homophobie. Ce prix souligne « la contribution significative d'un organisme ou d'une personne à la lutte aux préjugés et à l'inclusion des personnes homosexuelles dans la société ». Il le recevra des mains de Daniel Pinard, sociologue et alors animateur de télévision. « Si on regarde dans l'Évangile, on s'aperçoit que le Christ n'a jamais condamné personne, dira encore Raymond, reprenant un leitmotiv. Au contraire, sans discrimination, il a accepté les exclus de l'époque. Il ferait la même chose aujourd'hui. »

Bien plus, Raymond acceptera de donner des entre-vues à des magazines gais et verra son nom associé à des défilés de la fierté gaie dans tout le Canada. Il se lais-sera encore appeler « le curé rose » et permettra que des publications gaies fassent de lui un prêtre catholique qui « exprime depuis de nombreuses années sa différence en parlant des homosexuels dans les médias ». En 2006, il affirmera « qu'aussi longtemps que l'Église catholique tiendra son discours traditionnel sur l'homosexualité, la célébration de la Fierté gaie sera justifiée ».

Raymond profite alors de toutes les tribunes pour défendre un milieu que son Église rejette. Il multiplie les entrevues à la radio, les apparitions à la télévision, dont à la populaire émission *Tout le monde en parle* à Radio-Canada. À Montréal, l'été, il va volontiers boire une bière sur l'une des terrasses du Village gai. Il ne se cache pas ; il porte même son col romain. De toute façon, il ne peut plus se cacher. Il est désormais une vedette qu'on arrête dans la rue. Il le sait, et ce n'est pas pour lui déplaire.

La question du pape

En février 2006, l'abbé Gravel participera à un autre de ces coups d'éclat qui aura le don d'indisposer la hiérarchie catholique. Dix-neuf prêtres québécois, dont lui, signent une lettre ouverte dans *La Presse* pour exprimer leur désaccord avec la position de l'Église sur le mariage gai et sur l'accès difficile à la prêtrise des homosexuels. Ces prêtres sont membres du Forum André-Naud, une organisation qui vise à promouvoir la liberté de pensée et d'expression dans l'Église et qui tient son nom d'un sulpicien décédé en juin 2002. Le ton de leur lettre est poli, leur argumentation, détaillée. Il s'agit néanmoins d'une attaque frontale contre la position que défendent la Conférence des évêques catholiques du Canada et la Curie romaine sur l'homosexualité. Les signataires jugent que ces deux organismes ne prennent pas en compte « la discrimination historique exercée à l'endroit des personnes homosexuelles et la tragédie de leur exclusion sociale ou ecclésiale ressentie profondément par un grand nombre d'entre elles ».

« Nous crions publiquement notre désir de réaliser le grand projet d'évangélisation que fut le concile Vatican II, concluent les prêtres. Nous ne voulons surtout pas revenir au dix-neuvième siècle : l'ultramontanisme a fait son temps ! »

Le lendemain, Raymond Gravel, le plus connu d'entre eux, donnera des dizaines d'entrevues. « Règle générale, nos évêques sont frileux, dira-t-il. Ils sont tenus d'obéir à Rome. » L'Assemblée des évêques catholiques du Québec, qui n'avait pas aimé être interpellée par l'entremise des médias, juge que les signataires auraient dû profiter « des lieux de dialogue » qui existent à l'intérieur de l'organisation de l'Église. Elle décide finalement de ne pas rencontrer, ensemble, ces dix-neuf prêtres : il revient à leur évêque de commencer ces échanges. L'archevêque de Montréal, Mgr Jean-Claude Turcotte, visiblement irrité, dénonce « cette dynamique de confrontation » pour, finalement, minimiser l'événement : « Ce n'est pas comme si nous étions au bord d'un schisme ! » Le dialogue entre les dix-neuf prêtres du Forum André-Naud et l'Assemblée des évêques catholiques du Québec n'aura jamais lieu.

Quelques-uns d'entre eux, individuellement, se montreront toutefois plus réceptifs à cette lettre. Parmi eux, Mgr Gilles Lussier, dont six des dix-neuf signataires étaient des prêtres de son diocèse. Il déclarera à un journaliste : « La lettre publiée dans *La Presse* ne m'a pas été présentée au préalable. J'aurais sans doute émis des bémols ; sur le fond, j'aurais aimé la signer. Ce document nous invite à comprendre l'être humain. »

Raymond Gravel était désormais le prêtre le plus connu du Canada. Pour la droite religieuse, il était toutefois devenu *a pro-gay priest* qu'il fallait mettre en observation. Cette réputation s'était rendue jusqu'à Rome. Son évêque aura l'occasion de le constater.

Dans l'Église catholique, la coutume veut que les évêques de tous les pays, à tour de rôle, puissent rencontrer le pape tous les cinq ans. Cette visite *ad limina*, ainsi qu'on l'appelle, permet aussi à chacun des évêques de rencontrer le Saint-Père en tête à tête pendant six minutes. La rencontre est brève, importante. Elle permet au souverain pontife d'interroger l'évêque sur des points qui ne concernent que son diocèse.

Les évêques du Québec devaient se rendre à Rome en mai 2006. Mgr Lussier faisait partie de la délégation. Lorsque son tour vint de rencontrer Benoît XVI, quelle ne fut pas sa surprise de voir le pape l'interroger sur… Raymond Gravel ! Visiblement, le chef de l'Église était parfaitement au courant des campagnes menées par le prêtre québécois, et il s'en désolait. Il voulait aussi savoir ce que son évêque entendait faire de ce prêtre récalcitrant.

« Je ne m'attendais pas à ce que le Saint-Père m'interroge sur l'abbé Raymond Gravel, reconnaît l'évêque de

Joliette; il l'a fait. Je lui ai précisé, en trois points, comment je me situais vis-à-vis de l'abbé Gravel. Le Saint-Père aurait pu me dire que j'agissais mal; ce ne fut pas le cas.

— Que vous a-t-il dit?

— Il a accepté mes trois points.

— Quels étaient-ils?

— Je ne peux pas vous le dire. »

Raymond Gravel est resté prêtre de l'Église catholique romaine.

Toute sa vie, il affirmera le devoir à son évêque.

Chapitre 8

La mort du père, la rencontre du fils

Il était rendu sur le pas de la porte quand son père l'avait interpellé :

« Raymond, je veux te dire que je t'aime. »

À quarante-neuf ans, l'abbé Gravel entendait ces paroles pour la première fois. Il venait de passer l'après-midi au chevet de son père, à l'hôpital de Joliette. Yvon Gravel, souffrant du cancer du côlon, avait dû y être admis le mercredi 3 avril 2002, trois jours après Pâques. Il avait été opéré le lendemain, dans une tentative de prolonger sa vie. Elle s'était avérée inutile. Le médecin avait prévenu la famille qu'il leur fallait se préparer à son départ. Il avait été transféré à l'unité des soins palliatifs.

Yvon Gravel n'avait pas eu besoin du médecin pour savoir qu'il n'en avait plus pour longtemps. Il l'avait su dès que son état l'avait forcé à quitter sa maison du chemin Mondor. Il voulait maintenant se préparer à mourir. Et il souhaitait que son fils l'y aide.

Il lui avait demandé de le confesser. Raymond était prêtre depuis dix-sept ans. Jamais son père ne s'était confié à lui en réclamant son pardon au nom de Dieu. Cela le gênait. La religion, pour les hommes de sa trempe, se résumait à quelques rites qu'il fallait obligatoirement accomplir.

Lorsqu'il était enfant de chœur, jusqu'à l'âge de douze ans, Raymond avait remarqué que son père n'assistait que rarement à la messe dominicale dans le banc familial. Il se tenait à l'arrière de la nef, debout, attendant le sermon du curé pour aller fumer une cigarette avec d'autres paroissiens sur le parvis de l'église, revenant pour le sanctus et ressortant après la communion. Pourquoi? Il ne s'en était pas expliqué. Raymond ne lui avait pas posé la question. Leur vie avait été faite de querelles, de malentendus, de fuites.

Quand son père avait pleuré à son ordination, le 29 juin 1986, Raymond aurait pu tenter un rapprochement avec lui. Il ne l'avait pas fait. Les années suivantes, lorsqu'il se rendait dans sa famille, c'était d'abord pour y voir sa mère. De son père, il ne gardait le souvenir que de quelques scènes… Un jour qu'ils regardaient ensemble la télévision, on racontait aux nouvelles qu'un homme avait maltraité son enfant. Yvon Gravel s'était exclamé: «Un père de même, il faudrait pendre ça!» Raymond n'avait pu s'empêcher de lui répliquer: «Papa, avec ce que tu nous as fait, il y a longtemps que tu aurais été pendu.» Son père avait feint l'ignorance: «Quoi? Qu'est-ce que tu veux dire?» Le ton avait monté entre eux deux. Chacun était resté sur ses positions. «À ce moment-là, mon père ne m'intimidait plus. Je n'en avais plus peur. S'il m'avait seulement touché, je l'aurais battu.»

La vie leur avait quand même apporté quelques bons moments. Une fois Raymond devenu prêtre, il arrivait parfois que son curé et ami Pierre-Gervais Majeau l'accompagne dans la famille Gravel, où il était toujours le bienvenu. Les frères et sœurs de Raymond étaient là. Le temps d'un dimanche après-midi d'été, le clan s'était reconstitué. Le ciel était plein bleu, la température, idéale. Ils avaient joué au ballon chasseur. Manon et Michel avaient excellé, comme autrefois, à l'école du village. Le curé Majeau, empêtré dans sa soutane, avait trébuché et était tombé sur le dos dans un bosquet de chardons. Yvon Gravel avait été celui qui avait le plus ri, de bon cœur, mais sans méchanceté aucune envers la mésaventure du prêtre.

Une photo prise à cette époque montre Raymond face à face avec son père. Ils ne sourient pas. Ils semblent se toiser. Ils ont la même carrure, le même entêtement dans le regard.

Raymond s'était aussi rendu compte de sa ressemblance avec son père au quarantième anniversaire de mariage de ses parents, le 28 août 1988, aussi le jour de l'anniversaire de sa mère. Elle célébrait ses soixante-quatre ans. La famille était réunie. Raymond avait parlé au nom de tous. « Je revois l'image d'un père et d'une mère qui ont su, malgré tout, consacrer toute leur vie et une grande partie d'eux-mêmes au bien-être de leurs enfants. » Dix ans plus tard, il s'était adressé directement à son père, alors âgé de soixante-douze ans. Les mots avaient été presque tendres. « Papa, je puis dire que toute ta vie n'a pas été des plus faciles. Tu as travaillé dur pour avoir ce que tu possèdes aujourd'hui. Tu as toujours été fidèle à tes engagements. Tu es un homme qui aime rire, et derrière ton côté dur, j'ai toujours perçu une grande sensibilité. »

Depuis, quatre ans venaient de passer. Raymond, cette fois, se retrouvait avec son père, qu'il venait d'entendre en confession. Ils savaient tous deux que la mort attendait. Raymond ignorait toutefois que, cette semaine-là, son père allait lui montrer comment un homme doit l'affronter.

Leur vie avait été un rendez-vous manqué, sans que l'un ou l'autre, trop orgueilleux, ait pu faire les premiers pas vers une réconciliation. Ce «je t'aime » qu'Yvon Gravel avait prononcé lorsque son fils l'avait quitté en tenait lieu. Ce fut le dernier moment que Raymond passa seul avec son père.

Dans la soirée du mercredi 10 avril 2002, toute la famille s'était réunie dans la chambre. En plus de ses enfants, son épouse se tenait à ses côtés. Il leur avait demandé pardon, à tous, pour le mal qu'il avait pu leur faire. Il lui avait demandé pardon, à elle. Puis il avait dit à Raymond :

«Va chercher tes affaires de prêtre. Je veux que tu me donnes l'extrême-onction. »

Raymond avait voulu protester, lui dire qu'il n'allait pas mourir. Son père, encore une fois, avait eu raison :

«Tu ne te rends pas compte que je m'en vais. »

Raymond était retourné à sa voiture, en avait rapporté le saint chrême et son étole. Il avait prononcé les paroles du sacrement des malades.

Son père était lucide, songeur. Son regard se portait sur l'un et l'autre de ses enfants, sur son épouse. Raymond avait accompagné assez de gens vers la mort pour deviner son angoisse.

« Papa, est-ce que tu as peur de mourir ?

— Oui.

— Est-ce que tu as peur d'arriver de l'autre côté ?

— Non. J'ai fait ce que j'ai pu dans ma vie, j'ai fait de mon mieux.

— Qu'est-ce qui te fait peur, d'abord ?

— Vous autres. »

Raymond avait compris. Yvon Gravel venait d'exprimer, à sa façon, tout son amour pour ses enfants. Il redoutait la peine qu'il leur causerait en mourant. Il pensait encore à eux. Il craignait leurs réactions. Il avait peur pour eux.

Raymond avait voulu le rassurer. Ses enfants étaient des adultes. Ils sauraient poursuivre leur vie avec détermination et courage.

Lorsque Raymond avait quitté la chambre, son père lui avait dit :

« Demain, reviens vite, sinon je ne serai plus là. »

À onze heures, ce jeudi 11 avril, l'abbé Gravel devait célébrer des funérailles dans la paroisse dont il était curé, Saint-Joachim-de-la-Plaine. Aussitôt après, il s'était rendu à Joliette. Dans le couloir, une infirmière l'avait prévenu :

« Il vous attend. Dépêchez-vous. »

La famille était autour du lit. Yvon Gravel ne parlait plus. Raymond s'était approché de lui.

« Papa. On est tous là. Tu peux t'en aller en paix. Je veux te dire merci pour tout ce que tu nous as donné. »

Raymond a lu une prière. Elle disait au Seigneur de l'accueillir. Il a pris la tête de son père dans le creux de ses mains. Yvon Gravel est mort tout doucement.

Dans l'homélie qu'il prononcera aux funérailles, en l'église de Saint-Damien-de-Brandon, l'abbé Raymond Gravel dira : « Il a fallu que mon père agonise et meure pour que je puisse comprendre la grandeur de cet homme-là et les qualités qui l'ont pourtant toujours caractérisé : sa bonté, son accueil, sa générosité, sa sensibilité, son sens des responsabilités. »

Pendant la messe, Raymond a revu son père. Il n'était plus debout à l'arrière de la nef comme durant son enfance. Il ne pleurait plus ainsi qu'il l'avait fait à son ordination. Il ne souffrait plus. Il n'avait plus peur. « S'il nous faut naître pour mourir, c'est peut-être parce qu'il nous faut mourir pour renaître… Aujourd'hui, Yvon est entré dans la lumière ! » En prononçant ces paroles, Raymond s'était inscrit dans une foi millénaire qui donne un sens à la vie et à la mort. Il n'y avait ni magie ni illumination dans la croyance que les êtres humains forment une chaîne, et que les ancêtres ne sont pas disparus. Ils vivent ailleurs, autrement.

Une filiation spirituelle

En versant le vin dans la coupe à l'offertoire, il avait songé à cet autre père que la vie lui avait donné. À son ordination, dans cette même église, le 29 juin 1986, le curé Aurélien Breault lui avait fait don de ce calice et de cette patène dont Raymond se servait chaque jour depuis seize ans. Ce cadeau était le symbole d'une filiation spirituelle qui ne s'était jamais rompue entre eux. Où qu'il ait ensuite été appelé à exercer son ministère, le curé Breault n'avait pas été bien loin de Raymond. Ils s'étaient rencontrés, ils s'étaient souvent téléphoné. Raymond l'avait consulté. Sur l'essentiel, toutefois, il ne l'avait pas écouté.

Cet homme, que certains de ses confrères surnommaient « l'empereur » en raison d'une prestance et d'une autorité naturelles, avait pourtant grandi dans un milieu fort simple, dans une famille reconstituée.

Il n'avait que neuf ans lorsque son père, Sinaï Breault, était mort, laissant sa veuve, Germaine Grégoire, avec huit enfants sur leur ferme près de Joliette. Quatre ans plus tard, elle s'était remariée avec Adélard Éthier, un cultivateur qui était veuf depuis sept ans et avait six enfants. Ensemble, ils avaient eu trois autres filles, dont deux avaient survécu.

Dans cette famille recomposée, les seize frères et sœurs qui s'étaient retrouvés autour de la table familiale avaient appris à se respecter, à s'entraider, à s'aimer. S'ils ne connaissaient pas la misère, ils devaient se satisfaire de ce que l'existence leur apportait. Lorsque la ferme permettait de dégager quelques profits, ceux-ci allaient « à la grange », selon l'expression de leur mère. Cet argent servait à se procurer une nouvelle bête, à réparer un bâtiment ou à acheter un instrument aratoire neuf.

Les parents allaient combler leurs enfants autrement. À une époque où l'instruction n'était guère valorisée dans la paysannerie canadienne-française, celles et ceux qui le voulurent purent poursuivre des études, sans distinction de sexe : six des filles devinrent enseignantes, une infirmière et deux religieuses.

À treize ans, Aurélien entra au Séminaire de Joliette pour y faire son cours classique. Il termina ses études en 1941 et, après cinq années au Séminaire de philosophie et au Grand Séminaire de Montréal, il fut ordonné prêtre le 15 juin 1946. Sur l'image souvenir de l'événement, il écrivit: « Prêtre pour les autres. » Il avait vingt-cinq ans. Sa voie était tracée. Il suivit cette devise à la Jeunesse ouvrière catholique, où il fut aumônier diocésain durant douze ans, jusqu'aux paroisses dont il accepta la charge de curé jusqu'à ce que l'âge et une santé déclinante le forcent à prendre sa retraite.

Très tôt, il fut un prêtre qui s'inscrivit dans une spiritualité qu'il fonda sur une lecture des évangiles d'où le Christ apparaissait moins dans sa gloire divine que dans son humanité. Il accueillit avec enthousiasme les réformes proposées par le concile Vatican II, qui faisaient du prêtre un inspirateur, un animateur, un pasteur. Nommé chanoine titulaire du chapitre cathédral de Joliette en décembre 1963, il se refusa à porter la bague qui l'aurait distingué des autres membres du clergé.

Lorsque Raymond avait été son stagiaire à Saint-Henri-de-Mascouche, à partir de 1982, Aurélien Breault avait déjà fait parler de lui en ayant voulu débarrasser la cathédrale de Joliette, dont il avait été le curé de 1965 à 1969, de quelques dorures qui n'étaient plus, selon lui, dans l'esprit de simplicité et de pauvreté que l'Église devait désormais adopter. S'il se résolut à protéger l'intérieur de ce bâtiment d'inspiration byzantine, il se sentit toujours plus à l'aise dans le dépouillement des églises de campagne et des chapelles des couvents.

Dès leur rencontre, Raymond Gravel se prit d'estime pour celui qui lui servirait de guide et de modèle durant son ministère. Lorsque les cinquante ans de presbytérat du chanoine Breault furent soulignés le 16 juin 1996, ce fut Raymond qui prononça l'homélie. Il vanta les qualités de ce prêtre qui, à soixante-quinze ans, restait toujours actif comme chapelain des sœurs des Saints Cœurs de Jésus et de Marie : sa patience, sa fermeté, sa diplomatie, sa sagesse et sa ténacité.

« Si vous étiez un empereur, lui dira Raymond, vous l'étiez avec une grande sensibilité. […] Vous saviez pleurer avec une personne en détresse, rire avec des gens heureux, réconforter un malade, consoler une personne âgée. Vous aimiez témoigner de beaucoup d'amitié aux familles et entourer de votre affection tous les enfants. Vous aviez, surtout, une grande compassion pour les pauvres de toutes sortes. Vous étiez, en même temps, un bon prêtre, un bon père et un bon ami. »

Des prêtres instruits

Raymond connaissait alors des années heureuses avec celui qu'il appelait son mentor. Si son tempérament pressé et impatient tranchait parfois avec celui du vieux prêtre, ils s'entendaient pour faire des blessés de la vie la priorité de leur sacerdoce. Combien de gens auront vu Aurélien Breault, curé de paroisse, secourir financièrement ceux et celles qui venaient frapper à sa porte en sollicitant d'abord son soutien moral et spirituel ? Combien de personnes, qui n'étaient pas ses paroissiens, Raymond Gravel n'avait-il pas lui-même aidées, parcourant sans hésiter des dizaines de kilomètres par tous les temps pour se rendre jusqu'à elles ?

Si Aurélien Breault affectionnait cette dimension du prêtre, il en avait une autre qu'il valorisait et dont il rêvait pour son pupille. Il avait senti chez Raymond une propension à l'activisme religieux qui frôlait l'agitation. Or, le dévouement sacerdotal trouvait son sens dans l'approfondissement de la foi. Lui-même, jeune prêtre, avait tenu à compléter sa formation philosophique et théologique dans les années 1940 à l'Université Angelicum de Rome, puis à l'Institut catholique de Paris. Depuis, si la prière nourrissait sa foi, les études lui donnaient sa solidité. Dans un Québec qui se déchristianisait et où l'Église était accusée d'avoir maintenu le peuple dans l'ignorance, il fallait former une génération de prêtres instruits, capables de répondre à la dialectique du relativisme moral. La foi devait redevenir cette lumière qui attire, cette force qui soutient. Pour cela, il fallait des prêtres qui l'actualisent, qui l'approfondissent. Il voyait en Raymond un de ceux-là, un intellectuel plus qu'un activiste.

Aussi, il n'avait pas été mécontent de le voir entreprendre, à Rome, sa maîtrise en études bibliques. Ouvert d'esprit, considérant que le corridor idéologique du catholicisme pouvait être large et que les divergences y étaient admises, il avait lu avec intérêt son mémoire sur la conception virginale de Jésus, en 1998. Dès lors, il l'avait encouragé à entreprendre un doctorat. À chaque mois qui passait, il le voyait plutôt se multiplier dans ses engagements pastoraux, courant les paroisses qui n'étaient pas les siennes, accumulant les baptêmes, les mariages et les funérailles. Que voulait-il se prouver ? Que la qualité d'un sacerdoce se mesurait à l'arithmétique des sacrements ? Plus on en célébrait, meilleur on était ?

Il devinait très bien qu'un autre trait de caractère de Raymond allait l'éloigner des efforts qu'il devait consentir pour retourner aux études : son besoin de reconnaissance qui lui venait de celui d'être aimé. Le curé Breault n'était pas naïf. Il avait su très vite quelle enfance, quelle adolescence et quelle jeunesse avaient été celles de ce jeune stagiaire fiévreux qu'il avait accueilli à Saint-Henri-de-Mascouche. Cependant, avec la foi, tout était possible. Le Christ ne s'était-il pas entouré de douze disciples tous plus imparfaits les uns que les autres ? N'étaient-ils pas devenus, sauf un, les pionniers de cette religion qui changerait l'histoire de l'humanité ? Raymond l'avait prouvé dans la longue marche qui l'avait mené jusqu'au sacerdoce, il pouvait devenir l'un de ces apôtres des temps présents dont l'Église avait besoin, en particulier au Québec.

Quand Raymond avait commencé à publier ses premiers textes dans les journaux pour critiquer la hiérarchie catholique, il prétendra les avoir préalablement soumis à Aurélien Breault. Tant que ses observations étaient demeurées sur le terrain biblique, elles avaient représenté un stimulant pour l'Église au Québec. Quand, après 2003, avec le fameux « Le Vatican erre », ses textes avaient adopté des raccourcis théologiques et étaient devenus plus politiques, le vieux chanoine, désormais presque aveugle, s'était retiré dans une résidence pour personnes âgées avec l'une de ses sœurs, Aurélia. Il constatera alors son échec à influencer ce prêtre qui, à la réflexion des universités, préférait la lumière éblouissante et éphémère des médias.

Lorsqu'en janvier 2004 Aurélien Breault dut être hospitalisé, un Raymond en larmes assistera à son agonie. La dernière communication qu'il aura avec ce tuteur, à qui il avait désobéi et qui ne pouvait désormais plus lui parler, consistera à lui serrer la main. Conscient, mais enfermé dans son corps, le vieux prêtre pourra tout de même se faire comprendre de son neveu, qui était son mandataire, et se faire débrancher de la machine qui le tenait encore en vie. Le lendemain, dimanche 25 janvier, il mourait. Modeste jusqu'au bout, il avait refusé préalablement l'exposition en chapelle ardente à laquelle il aurait eu droit à la cathédrale. Le lundi 26 janvier, l'évêque de Joliette, Mgr Gilles Lussier, célébrera ses funérailles. Le chanoine Breault avait accordé une dernière faveur à l'abbé Gravel en lui demandant de prononcer son éloge funèbre. Le texte fut, encore une fois, préparé avec soin.

« Combien de fois ai-je entendu Aurélien déplorer la formation biblique de son époque ! Il disait même qu'il n'y en avait pas et il déplorait également l'utilisation fondamentaliste des textes bibliques de certains prêtres d'aujourd'hui. Il était tellement heureux lorsque je lui ai dit que j'allais étudier la Bible à Rome qu'il m'a répondu : "Tu n'as plus le droit de ne pas l'enseigner…" Aurélien avait soif d'apprendre et toute sa vie a été une formation continue. »

Ce fut tout. Raymond Gravel ne reconnaîtra pas avoir déçu son mentor, qui l'aura supplié de quitter ce personnage public qu'il entretenait à coups de déclarations incendiaires pour devenir un bibliste qui s'adresserait d'abord à ceux et celles que la Parole du Christ pouvait intéresser.

Dans une conclusion qui paraîtra énigmatique à plusieurs, Raymond adoptera un ton encore plus personnel. « Vous m'avez dit que vous m'avez toujours aimé… Vous m'avez aimé comme un père aime son fils. Merci de m'avoir appris à devenir père à mon tour. Je le fais depuis quelques années. »

Dans la nef, parmi les fidèles, un jeune homme de vingt-quatre ans s'était reconnu en tant que fils spirituel de Raymond Gravel.

Le calice et la patène

Il était né à Joliette le 31 décembre 1979. Le curé Breault l'avait baptisé. Il s'appelait Alexandre Martel. À dix-sept ans, étudiant au cégep de sa ville, il avait trouvé sa voie. Aimant les débats d'idées, il voulait s'impliquer dans sa société. Il fera son baccalauréat en sciences politiques à l'Université de Montréal. À l'été 1998, pour amasser un peu d'argent, il s'était trouvé un emploi de sacristain à l'évêché de Joliette. Son travail était manuel, mais peu exténuant. Il était haut perché sur un escabeau, en train de nettoyer les ampoules de la sacristie, lorsqu'il fut interpellé. Il vit à ses pieds un prêtre de taille moyenne qui lui souriait. C'était Raymond Gravel. Il était hébergé à l'évêché pour terminer son mémoire sur la virginité de Marie. Alexandre, lui, se définissait comme agnostique et, ainsi que beaucoup d'adolescents, l'enseignement traditionnel de l'Église catholique le laissait froid. La rencontre aurait pu demeurer sans lendemain. Elle changea sa vie.

« Avec lui, nous pouvions faire une mise en contexte des écrits bibliques, dont il faisait une lecture critique qui remettait en question leur sacralité. Je crois que les prêtres n'auraient pas été d'accord avec quatre-vingts pour cent de ce qu'il me disait. Car si on pouvait remettre les textes bibliques en question, on reconnaissait que des êtres humains, même inspirés, les avaient écrits. Je pouvais parler de cela avec l'abbé Gravel. C'était une ouverture extraordinaire. Il me permettait d'avoir accès à cette discussion, mais avec, chez lui, une connaissance, une profondeur et un savoir qui me fascinaient. »

Bientôt, le chanoine Aurélien Breault se joindra à Raymond et à Alexandre. Les discussions théologiques se poursuivront souvent autour d'une table de La Porte grecque, ce restaurant familial réputé pour ses grillades où les deux prêtres avaient leurs habitudes. Parfois, des amis d'Alexandre, étudiants au collège, s'ajouteront au trio. Et les clients des tables voisines assisteront à cette scène surréaliste où un adolescent coupera la viande d'un vieux chanoine à la vue basse et où, leurs assiettes vidées, les convives, tout en grillant une cigarette (on pouvait encore fumer dans les restaurants), entreprendront une discussion sur le sens d'une phrase dans l'Évangile de Luc ou de Jean.

Alexandre fit son baccalauréat à Montréal avant de songer à une carrière de coopérant international. Il apprit l'espagnol dans l'espoir de se rendre en Amérique du Sud. Il se trouva plutôt un emploi à la Centrale unique des travailleurs, à São Paulo, au Brésil, et dut apprendre le portugais. Au cours d'une soirée, il fit la connaissance d'une ravissante jeune fille, Anaï Santos, à qui il fit une cour assidue. Ils se marièrent civilement. Elle accepta de suivre son mari au Québec, où Alexandre entreprit une carrière d'attaché politique. En 2010, Raymond Gravel fit le voyage au Brésil pour les marier religieusement en présence des familles Santos et Martel. Alexandre et Anaï eurent deux garçons, que Raymond baptisa et dont il devint, en plus, parrain du premier. Alexandre, Anaï et leurs enfants fréquenteront toujours Raymond Gravel.

« Avec Alexandre, j'ai compris l'amour paternel et j'ai pu l'exercer, écrira-t-il en 2009 dans un collectif d'auteurs[14]. Ce jeune m'a fait prendre conscience de mes travers et il m'a appris à aimer. Avec lui, j'ai traversé des étapes difficiles et j'ai pu ressentir ce que signifiait souffrir pour son enfant. Après avoir cheminé plusieurs années avec Alexandre, je puis dire aujourd'hui que je l'aime tellement que je donnerais ma vie pour lui. S'il est heureux, je suis comblé, et s'il est malheureux, je suis bouleversé. »

Il écrira plus loin : « En une semaine, mon père a pu réparer quarante-neuf ans de ma vie. Cet événement m'a appris à aimer encore plus Alexandre et à le lui dire avant que je sois sur mon lit de mort. L'amour paternel existe vraiment… J'en ai tellement manqué qu'il me faut aujourd'hui en donner davantage. »

En 2013, se sachant atteint d'un cancer, il voulut qu'à sa mort le calice et la patène que lui avait offerts Aurélien Breault reviennent à Alexandre Martel. Ce legs revêtait pour lui un sens presque sacré. Pour un prêtre, ces objets liturgiques rappelaient le geste de communion du Christ. L'abbé Breault avait été son père spirituel, et lui-même l'avait été d'Alexandre. Pour un bref moment, la vie les avait réunis tous les trois. Ce calice et cette patène prolongeraient cette filiation dans l'espérance de l'éternité.

---

14. Idée originale de Geneviève Landry, photographies de Sébastien Raymond, *Enquête de paternité*, Montréal, Les Éditions de l'Homme, 2009, 232 p.

Chapitre 9

Les années de combats

À la mi-octobre 2006, l'abbé Gravel s'apprêtait à partir pour Trois-Rivières, où il devait prononcer une conférence sur l'Église et l'homosexualité devant un groupe de prêtres. Le téléphone avait sonné au presbytère de la paroisse Saint-Joachim-de-la-Plaine dont il était le curé. Le chef du Bloc québécois, Gilles Duceppe, voulait qu'il se porte candidat dans la circonscription de Repentigny, laissée vacante par la mort tragique, le 28 août 2006, du député Benoît Sauvageau – un cadeau pour n'importe quel politicien souverainiste, tellement il était assuré d'y être élu. Il devait faire connaître rapidement sa décision. Raymond avait répondu : «Je dois d'abord en parler à mon évêque. » Il gagnait du temps, mais son idée était faite.

«Je veux accepter ! » avait-il dit le jour même à Mgr Gilles Lussier qui, devant la détermination de ce prêtre qu'il savait entêté, avait consulté la Nonciature apostolique au Canada et le président de la Conférence des évêques catholiques du Canada. « Nos points de vue concordaient. Raymond voulait faire de la politique. Nous étions d'accord pour lui laisser tenter l'expérience. » Le mardi 25 octobre, quatre jours avant l'investiture bloquiste, Mgr Lussier reçut l'abbé Gravel à l'évêché. La rencontre fut des plus cordiales. Il l'autorisa à devenir député au Parlement du Canada, à deux conditions : ne remplir aucune fonction sacerdotale pendant la durée de son mandat et s'abstenir de prendre des positions politiques qui seraient contraires à l'enseignement de l'Église catholique.

Le dimanche 29 octobre, dans l'enthousiasme, les militants bloquistes de Repentigny choisirent Raymond Gravel pour les représenter à l'élection partielle du 27 novembre. Le lendemain, les médias firent de cette candidature du « prêtre controversé » le prolongement de son apostolat en faveur des plus démunis de la société. Un journaliste lui demanda : « S'il y a un vote aux Communes sur le mariage gai, allez-vous vous prononcer pour ou contre ? » « Je pense que je m'abstiendrais [de voter] pour ne pas mettre mon Église dans l'embarras, avait répondu l'abbé Gravel, avant d'ajouter : Ça ne veut pas dire qu'on ne peut pas débattre de la question. » Pour lui, déjà, la glace était mince.

Le lendemain – fait peu connu –, il écrivait à son évêque : « C'est à contrecœur que j'accepte d'être relevé de l'exercice des ordres sacrés pour la durée de mon engagement dans la vie politique canadienne, car ma première vocation est d'être prêtre et non pas politicien. Je veux bien respecter les électeurs et les électrices de Repentigny. [...] Par ailleurs, je ne pourrai pas briguer à nouveau les suffrages, advenant une prochaine élection, car la communauté chrétienne, la vie pastorale et l'enseignement biblique sont pour moi plus importants que l'engagement politique au sein d'un parti. » Futur député, Raymond Gravel restait membre du presbyterium du diocèse de Joliette, dont il annonçait qu'il réintégrerait les rangs dans quelques années. Pendant ce temps, au Bloc québécois, on sablait le champagne. La venue de ce prêtre réformiste allait contribuer à rassurer une frange de l'électorat qui n'était pas acquise au parti : les personnes âgées, les croyants (pratiquants ou pas), une certaine gauche sociale bon chic bon genre.

Les rapports entre Raymond Gravel et le Bloc avaient toutefois mal commencé. L'abbé avait connu Gilles Duceppe en croisant le fer avec lui un an et demi plus tôt. À la Chambre des communes, les libéraux de Paul Martin formaient un gouvernement minoritaire. Gilles Duceppe, fort de ses cinquante-quatre députés, avait songé à s'allier aux conservateurs de Stephen Harper pour le renverser. Pour Raymond Gravel, membre du parti depuis sa fondation, en 1991, c'était « de l'opportunisme crasse » ! Le BQ ne pouvait aspirer au pouvoir. Alors pourquoi voulait-il défaire le gouvernement modéré de Paul Martin, qui pilotait, au surplus, un projet de loi sur une redéfinition du mariage à laquelle souscrivait le Bloc ? Raymond avait écrit dans *La Presse* : « Si Gilles Duceppe persiste à appuyer Stephen Harper, qui lui a tout intérêt à faire déclencher des élections, je me verrai dans l'obligation d'appuyer le Parti libéral, pour ne pas subir un virage à droite dont le Québec peut vraiment se passer. » Quelque temps plus tard, il avait rencontré le chef du Bloc au cours d'un événement public. Direct, voire impertinent, il avait voulu lui donner une leçon de morale politique. « Un parti déclenche des élections quand il a quelque chose à proposer, pas quand le vent est du bon bord. Il ne faut pas jouer avec la faiblesse des autres. Je trouve cela dégueulasse. » Poli, Gilles Duceppe l'avait écouté. Le Bloc avait finalement changé d'idée. Raymond Gravel ne s'en attribuera pas la paternité, il fut néanmoins satisfait du résultat. Il sera surtout flatté d'être recruté par celui qu'il respectait au plus haut point et qu'il appellera toujours « Monsieur Duceppe ».

Politicien de fraîche date qui avouera bien candidement « avoir tout à apprendre », Raymond Gravel n'était pas aussi naïf qu'il le laissait voir. Lui aussi avait appris depuis longtemps à soigner son image. Depuis des années, il répétait à qui voulait l'entendre qu'il était devenu souverainiste en écoutant un discours de René Lévesque, au Forum de Montréal, pendant la campagne électorale de 1970. À d'autres, il expliquait ses convictions politiques par le fait qu'on l'avait obligé, à la Banque de Montréal, à parler anglais. Dans les deux cas, il brouillait les pistes, il déroutait les journalistes, il construisait son personnage public, ainsi qu'il le faisait en racontant s'être prostitué en arrivant dans la métropole... à seize ans ! L'affirmation a été publiée et reprise en boucle dans les médias pendant des décennies. Raymond s'était en effet prostitué, mais à près de vingt et un ans, à un âge où l'on est pleinement responsable de ses actes. De même, le nationaliste en lui avait tardé à se manifester. Ses convictions lui étaient venues à la faveur de rencontres et d'amitiés. Vicaire à la paroisse Saint-Henri-de-Mascouche au début des années 1990, il avait fait la connaissance du député péquiste de Masson, Yves

Blais. Ce dernier lui avait fait fabriquer une étole. Elle était bleue, comme le drapeau du Québec. Sur un des revers était brodé le crucifix, sur l'autre, la fleur de lys. Elle n'était pas liturgique. Raymond avait demandé à son évêque s'il pouvait quand même la porter pendant les cérémonies religieuses. Mgr Lussier, qui savait choisir ses batailles, lui avait répondu : « Même si je vous dis non, vous allez le faire quand même ! » En juin 1995, curé à Saint-Calixte, Raymond l'arborait fièrement quand il avait profité de la messe de la Saint-Jean pour se prononcer, en chaire, en faveur du Oui au référendum qui devait se tenir le 30 octobre. Des citoyens s'en étaient offusqués. De gros mots avaient été prononcés les jours suivants. Nullement désarmé, il avait fait publier dans le journal local une solide mise au point. « Personne n'est obligé de partager mes convictions. […] Je n'accepterai jamais d'être traité comme un "tas de merde" et les menaces ne me feront jamais reculer. » Trois ans plus tard, son ami Yves Blais mourait d'une crise cardiaque en novembre 1998, en pleine campagne électorale. Il avait soixante-sept ans. Raymond célébrera ses funérailles dans l'église de Saint-Henri-de-Mascouche. Il conclura son homélie en s'adressant directement à lui : « Mon cher Yves, j'espère qu'au ciel la souveraineté est déjà réalisée ; sinon tu y travailleras une bonne partie de ton éternité et, cette fois, ce n'est pas un infarctus qui va t'en empêcher. » Peu à peu, sans l'avoir recherché, Raymond deviendra le prêtre en qui les souverainistes se reconnaîtront. Il célébrera également les funérailles de Benoît Sauvageau, à qui il succédera le lundi 27 novembre 2006 en devenant le nouveau député de Repentigny, avec soixante-six pour cent des voix et une avance de quinze mille voix sur son plus proche adversaire. Claude Paquin, qui l'accompagnera à Ottawa avec France Duval et d'autres vieux amis pour assister à sa cérémonie d'assermentation, lui dira : «J'espère que tu garderas toujours ton authenticité et que tu ne changeras jamais. » Il ne changera pas. Il apprendra seulement que la vie politique est faite de beaucoup d'efforts pour peu de résultats.

Le premier dossier que lui confiera le Bloc, faut-il s'en étonner, sera celui des personnes âgées. «Il a pris cela à cœur et il s'y est investi totalement», reconnaît Gilles Duceppe. La cause avait tout pour séduire Raymond Gravel. Au Québec seulement, quarante-deux mille aînés avaient alors droit au supplément de revenu garanti. Ils en étaient privés parce qu'ils ignoraient l'existence de ce programme qui leur garantissait, en plus de leur pension de vieillesse de cinq cent deux dollars, jusqu'à six cent trente-cinq dollars par mois. Pour l'ensemble du Canada, ce supplément du revenu s'élevait à trois milliards deux cents millions de dollars ! Au printemps de 2008, le Bloc québécois a demandé à Raymond de piloter un projet de loi pour que les aînés soient inscrits automatiquement à ce programme et qu'ils aient même droit à un remboursement rétroactif. Non seulement défendra-t-il son projet en Chambre, mais il fera le tour des résidences pour personnes âgées et des clubs de l'âge d'or du Québec pour l'expliquer. Raymond était heureux. Grâce au vote des libéraux et des néo-démocrates, son projet avait été adopté en première et en deuxième lecture. Il était désormais étudié en comité parlementaire. Il serait sûrement adopté sans difficulté en troisième lecture.

Il reçut alors une terrible leçon de réalisme politique. Un député libéral, vétéran de la Chambre des communes, se permet de le féliciter en le croisant dans un couloir : le dossier a été bien mené. Raymond le remercie à l'avance de son appui en troisième lecture. Les personnes âgées obtiendront enfin justice. Déception. « Tu sais, Raymond, il faut que tu comprennes quelque chose. Pour être ici, il faut obtenir le vote des gens. Les personnes âgées sont contentes et elles vont voter pour toi. Mais on ne peut pas faire passer ce projet-là, ça va coûter beaucoup trop cher au gouvernement. Ce n'est pas grave, tu vas être réélu aux prochaines élections. » Raymond proteste qu'il ne défend pas ce projet pour être réélu, qu'il ne veut d'ailleurs pas se représenter aux prochaines élections, qu'il le fait bien pour les personnes âgées. Le député libéral lui dira : « Tu ne comprends pas », avant de s'éloigner…

Le projet de loi accordant un supplément de revenu aux personnes âgées ne franchira pas l'étape de la troisième lecture aux Communes. Il mourra au Feuilleton lorsque des élections générales seront déclenchées en septembre 2008. « On n'en a plus entendu parler, dira Raymond. Ça a donné quoi, tout ça ? »

Les valeurs chrétiennes

Son apprentissage de la vie politique ne se fera d'ailleurs pas sans difficulté.

Au Québec, l'année 2008 aura été marquée par la question des accommodements raisonnables, qui avait culminé avec la publication du rapport de la Commission coprésidée par Gérard Bouchard et Charles Taylor qui attribuaient notamment à la rancune que les

Québécois entretenaient envers l'Église catholique leur rejet des autres religions. À la Chambre des communes, le gouvernement conservateur refusera d'aborder ce sujet, prétextant que la Commission avait été créée par le gouvernement du Québec. Le Bloc plaidera qu'après avoir reconnu le Québec en tant que nation le gouvernement Harper devrait lui accorder un modèle d'intégration différent du multiculturalisme en vigueur au Canada. La question se perdra dans des considérations oiseuses quand un député conservateur affirmera que « le gouvernement fédéral n'a pas à dicter au Québec le bon équilibre à atteindre entre l'identité nationale et le pluralisme culturel ».

Raymond Gravel, lui, sautera dans le débat à pieds joints pour défendre « les valeurs chrétiennes » de la société québécoise qu'il avait même tenté, en vain, de faire inclure dans le mémoire que son parti avait présenté à la commission Bouchard-Taylor. Le Bloc était prêt à admettre que la religion catholique faisait partie de l'histoire du Québec, « avec ses points positifs et ses points négatifs » ; il n'était pas prêt à l'élever au rang de valeur sociétale. À la même époque, Raymond, qui s'exprimait dans les journaux lorsqu'il ne pouvait le faire en Chambre, affirmera que « comme député à la Chambre des communes, il n'y a pas une journée où je n'exerce pas en même temps mon rôle de croyant, de chrétien et de prêtre ». Si son parti n'était pas prêt à monter aux barricades pour défendre le catholicisme, lui le ferait.

D'ailleurs, dans un article publié dans *Le Devoir* du 27 mai 2008, il s'offusquera que la Commission recommande d'enlever le crucifix accroché au mur de l'Assemblée nationale tout en conservant l'érouv juif autour de la ville d'Outremont. Deux religions, deux mesures ! Prenant l'exemple des religieuses catholiques, naguère voilées, qui se sont adaptées et se sont habillées en laïques, suivant en cela une recommandation du concile Vatican II, il écrit : « Voilà que nos deux commissaires suggèrent que les élèves et leurs professeures musulmanes qui le veulent puissent porter le hidjab dans nos écoles publiques, et cela, au nom de l'intégration, sous prétexte que c'est en toute liberté que ces femmes portent le voile, même si ce symbole contredit l'égalité homme-femme. MM. Bouchard et Taylor n'ont pas compris que la religion peut, parfois, dépouiller les gens de tout sens critique et donc les rend incapables de liberté ; les kamikazes en sont un exemple éloquent. »

La position qu'il adoptait alors – elle changera plus tard – était en parfaite symbiose avec celle manifestée dans les sondages par la majorité des Québécois francophones, qui, même s'ils n'allaient plus à l'église et voulaient vivre dans une société laïque, s'offensaient de ce qu'on veuille les dépouiller de leurs symboles traditionnels religieux et de leur patrimoine culturel pendant qu'on accordait à des immigrants de fraîche date ce qu'on leur refusait. Il n'est pas certain que sa conclusion ait été entérinée par le Bloc québécois : « Tout en favorisant la laïcité ouverte, il nous faut absolument conserver un certain visage chrétien à la société québécoise, qui peut s'exprimer, non seulement dans ses symboles patrimoniaux et dans ses œuvres artistiques, mais aussi dans ses valeurs profondes qui l'ont façonnée depuis quatre cents ans. L'Église catholique peut et doit occuper une place prépondérante au Québec. »

Pendant toute la durée de son mandat, Raymond Gravel restera un esprit indépendant à l'intérieur du Bloc québécois, que son chef dirigeait pourtant d'une poigne de fer. Les autres députés n'avaient pas le droit de parler aux journalistes. Raymond le faisait et Gilles Duceppe ne le réprimandait pas. Entre les deux hommes, d'ailleurs, s'établiront des rapports faits de respect mutuel qui ne s'affaibliront jamais. Raymond Gravel, c'était bien connu dans le parti, manifestait une confiance absolue envers son chef, qui savait par ailleurs le recentrer sur l'essentiel. « Raymond partageait mon idée que la religion des uns ne doit pas devenir la loi de tous les autres et que l'État, d'autre part, ne doit pas imposer ses règles aux différentes religions. Il doit y avoir une séparation complète entre les deux. Les religions restent maîtresses de leurs règles et l'État doit demeurer maître des siennes. »

En allant recruter Raymond Gravel, les dirigeants et les stratèges du parti savaient parfaitement qu'ils ne pourraient pas « le mettre en cage », confiera un des leurs. Il ne fallait surtout pas lui imposer de barrières, car il les aurait défoncées. À la limite, coincé, il se serait mis à s'attaquer non plus aux adversaires politiques des souverainistes, mais à ses propres alliés. S'il représentait donc un atout important pour le parti, en retour il restait fragile, soupe au lait, prompt aux sautes d'humeur.

Pendant le débat sur les accommodements raisonnables, le Bloc avait invité un groupe de leaders musulmans à Ottawa. Réunis en caucus, les députés devaient se sensibiliser à leurs points de vue. La rencontre commença mal. Une jeune musulmane, déjà connue dans les médias pour avoir dénoncé la xénophobie et l'islamophobie des Québécois, refusa de serrer la main de Raymond Gravel, qui la traita aussitôt d'arrogante, de hautaine et de méprisante, avant de quitter la salle.

Une autre fois, des musulmans avaient été invités à une réception au Parlement. Pour leur plaire, les organisateurs ne servirent que des boissons non alcoolisées. Lorsqu'il arriva, Raymond Gravel réclama un verre de vin. On n'eut pas le temps de lui expliquer la situation qu'il se déchaîna : « Moi, quand je suis invité quelque part, je bois du vin. Si les autres invités ne veulent pas en boire, c'est leur affaire. Je veux être respecté pour ce que je suis. Et je suis pour la liberté. » Il tourna les talons et disparut.

Parfois, ses réactions auraient pu entraîner de fâcheuses conséquences politiques. Le Congrès juif canadien avait prétexté rendre hommage à la mémoire du député Benoît Sauvageau en invitant à souper, dans un hôtel de la capitale, les représentants de tous les partis politiques. Une quinzaine de députés bloquistes s'y trouvaient. Gilles Duceppe prenait place à la table d'honneur, en compagnie d'autres chefs de partis. C'était une soirée courante dans la capitale d'un pays, où les groupes de pression tentent d'avoir l'oreille des parlementaires. Cela se passe toujours entre gens du monde, qui se sourient poliment en réservant leurs opinions. Sitôt à table, Raymond se rendit compte qu'un représentant du Congrès juif s'y trouvait et qu'il voulait « nous faire la leçon sur les musulmans ». Il ne l'accepta pas. Il protesta contre « cette propagande juive anti-islam », se leva et entraîna hors de la salle les quatre ou cinq confrères bloquistes présents à sa table.

L'avortement

À Ottawa, Raymond Gravel apprendra aussi que les débats politiques tolèrent mal les nuances et les demi-mesures.

En juillet 2008, la gouverneure générale du Canada, Michaëlle Jean, annonce que l'insigne de l'Ordre du Canada sera remis au Dr Henry Morgentaler « pour avoir donné aux femmes diverses options concernant leurs soins de santé, pour sa détermination à influencer les politiques publiques canadiennes et son rôle de chef de file au sein d'organisations humanistes et civiles ». Le médecin revendiquait alors cent mille avortements. La nouvelle de la remise de cet insigne est accueillie « avec consternation » par la Conférence des évêques catholiques du Canada. L'Assemblée des évêques catholiques du Québec déplore « qu'un organisme aussi respectable que l'Ordre du Canada honore une personnalité dont l'activité professionnelle, bien loin de rallier les personnes, est cause de profondes divisions ». Aux Communes, conservateurs et libéraux marchent sur des œufs, conscients qu'une partie de leur électorat est contre l'avortement. Les néo-démocrates et les bloquistes se réjouissent de la décision de la gouverneure générale. Personne n'a demandé son opinion à Raymond Gravel. Il la donnera quand même. Dans un article publié dans *Le Devoir* du 8 juillet 2008, il se portera à la défense du médecin. « Il ne nous appartient pas de juger le Dr Henry Morgentaler en lui refusant la distinction de l'Ordre du Canada pour son combat pour les femmes qui vivent le drame d'une grossesse non désirée, écrira-t-il. Lui refuser une telle reconnaissance, c'est non seulement porter un jugement sur lui, mais c'est aussi fermer les yeux sur la mort tragique de milliers de femmes et les séquelles physiques et psychologiques de millions d'autres à qui on refuse le droit de vivre dans la dignité et la justice. »

En septembre, l'archevêque de Montréal, le cardinal Jean-Claude Turcotte, remettra son insigne de l'Ordre du Canada pour protester contre le fait qu'il ait été accordé au Dr Morgentaler. Il recevra l'appui unanime de l'Assemblée des évêques catholiques du Québec. Même en désaccord, tout autre prêtre que l'abbé Gravel se serait tu. Raymond choisit plutôt d'écrire au distingué prélat. Il enfonça même le clou : « Condamner le Dr Morgentaler, c'est condamner en même temps toutes ces femmes qui recourent à l'avortement parce qu'on n'a pas d'autres choix à leur proposer. […] Les discours de condamnation et les menaces d'exclusion ne font que discréditer celui ou celle qui les profère. Ça ne rend service ni à l'Église, ni aux chrétiens pour qui vous devez être un pasteur. » Le cardinal Turcotte ne lui répondra jamais.

À sa défense, précisons que Raymond se sentait alors interpellé par la question de l'avortement et vivait une période particulièrement difficile. À la fin de l'année 2007, un député conservateur, Ken Epp, présenta un projet de loi privé, le fameux C-484 intitulé « Loi sur les enfants non encore nés victimes d'actes criminels », qui reconnaissait les fœtus comme des victimes à part entière lorsqu'une femme enceinte est victime d'un acte criminel. Ainsi, le meurtrier d'une femme enceinte serait accusé de deux meurtres. Au Bloc, on avait toujours tenté d'éviter à Raymond d'être en première ligne des combats politiques touchant l'homosexualité ou l'avortement. Cette fois, il se manifesta de lui-même. «Je trouvais que ce projet était pernicieux et faisait indirectement ce que le gouvernement ne voulait pas faire directement : criminaliser l'avortement. J'ai dit à Gilles Duceppe : "Je suis contre l'avortement, je suis également contre ce projet de loi-là parce qu'il est dangereux. J'aimerais faire un discours en Chambre." »

Il le fit avec passion, adoptant une position qu'il qualifia de modérée, sans se prononcer en faveur du droit à l'avortement, tout en ne condamnant pas les femmes qui devaient avoir recours à ce moyen ultime pour interrompre leur grossesse. «J'ai alors voulu dire clairement que, si on votait en faveur de ce projet de loi, on condamnait toutes les femmes qui se font avorter. Ces femmes-là n'ont pas besoin d'un verdict de condamnation, elles ont besoin d'un accompagnement. Cela m'a tué. »

Le 13 décembre 2007, Raymond croisa le fer avec le député d'Edmonton, en Alberta. Il lui donna l'exemple d'une femme enceinte qui, en se faisant agresser par un homme qui veut lui voler son sac à main, tombe, se blesse et perd son bébé. L'individu est-il alors accusé de vol ou de meurtre? Ken Epp répondit que l'agresseur serait accusé de vol et que « s'il savait, ou aurait dû savoir, que la femme était enceinte, il y aurait lieu de porter une seconde accusation ».

Chez les catholiques canadiens-anglais, l'intervention de l'abbé Gravel provoqua un scandale. «Je voulais massacrer des enfants. » Traduite, résumée sans trop de nuances sur le site LifeSiteNews, l'affirmation rangeait le prêtre dans les groupes qui sont en faveur de l'avortement. Raymond Gravel était devenu *the so-called priest who*

supports abortion (le soi-disant prêtre qui soutient l'avortement), *the shame of the Quebec Church* (la honte de l'Église
au Québec) et *the infamous dissident priest* (le tristement
célèbre prêtre dissident). « On ne comprenait pas toute
la subtilité de ma position. » Au Québec, seul le mouvement Campagne Québec-Vie s'en indigna en l'accusant
de « laxisme et de décadence ». Le président de l'organisme, Luc Gagnon, écrivit : « Le Bloc québécois semble
encore opter pour la culture de la mort à la suite de
son piètre chef marxiste athée Gilles Duceppe et de son
aumônier immoraliste Raymond Gravel. » À l'exemple
de LifeSiteNews, ce mouvement catholique traditiona-
liste s'en prenait depuis des années à Raymond. En
novembre 2006, il avait même affirmé : « L'abbé Gravel
et son évêque seront vraisemblablement et prochaine-
ment suspendus ou limogés : leur prévarication est trop
clairement publique et évidente. » En 2007, Campagne
Québec-Vie réclamait de nouveau que Rome prenne
« des sanctions canoniques » contre celui qui « dégobillait
son immoral venin contre les enseignements de Jésus ».

Déjà, les amis de Raymond savaient à quel point ces
attaques le minaient, « le tuaient à petit feu », l'empê-
chaient de dormir, lui qui dormait déjà peu. Il devait se
battre sur tous les fronts, jusque dans son Église. Depuis
des années, des centaines de lettres, majoritairement
rédigées en anglais, venant de toutes les provinces du
Canada et même des États-Unis, étaient envoyées à
Rome. Naïvement peut-être, Raymond avait cru que l'arrivée d'un prêtre catholique au Parlement serait bien
accueillie par les autorités ecclésiastiques canadiennes.
Il se rendait compte qu'il n'en était rien. Cela le blessait
de constater que l'Église, son Église, semblait appuyer

ses détracteurs, la droite religieuse. « Cela m'écœurait de voir que l'Église ne comprenait pas ce que je faisais. Je donnais une figure de l'Église au Parlement et elle n'était même pas capable de le reconnaître. »

Le 3 mars 2008, il tenta de rétablir les choses. Dans une longue déclaration aux Communes, il répéta qu'il était contre l'avortement. « Je crois sincèrement que la vie humaine commence dès la conception et même avant, au moment où le couple désire un enfant », dit-il, ce qui était conforme à la doctrine de l'Église catholique. Il se désola du nombre élevé d'avortements. Il affirma que « la lutte contre la pauvreté, le respect et la dignité des personnes, l'égalité entre les sexes, le combat pour la justice, l'accompagnement et le soutien des femmes enceintes » permettrait de diminuer et même d'enrayer l'avortement.

Le discours avait du souffle. L'immense majorité des prêtres l'auraient signé sans problème. Il n'eut aucun écho. Raymond demanda à LifeSiteNews et à Campagne Québec-Vie de le publier. Ils n'en firent rien. « C'était méchant. » Le 5 mars 2008, le projet de loi de Ken Epp fut adopté en seconde lecture par cent quarante-sept voix contre cent trente-deux. Raymond vota avec son parti, contre. Il savait que, de toute façon, son sort était scellé.

La soumission ou la porte

Étrangement, un événement loufoque avait fini par déclencher les foudres du Vatican à son endroit.

Le samedi 6 octobre 2007, Raymond avait accepté d'être sur le plateau d'une toute nouvelle émission au réseau TV5, *Le 3950*. Le concept, importé de France, était simple. Autour d'une bonne table, six invités discutaient devant un animateur, Luck Mervil, qui devait servir d'arbitre si les esprits s'échauffaient. Raymond avait été placé en face de l'imam Saïd Jaziri, connu pour ses déclarations à l'emporte-pièce et qui, à la fin du mois, serait expulsé du Canada et retourné en Tunisie. La soirée s'annonçait mal, l'imam ayant exigé – et obtenu – qu'on ne serve pas de vin à table. Les cinq autres invités devaient se lever pour se rendre à la cuisine boire une gorgée de blanc. Dès lors, Raymond aurait dû quitter le plateau. Il y resta. L'échange dégénéra lorsque l'imam, connaissant sans doute un des points sensibles du prêtre catholique, déclara que l'homosexualité était « un péché », une « envie », quelque chose de « pas naturel ». Raymond se porta à la défense des gais. Le ton monta. « C'est peut-être parce que vous êtes vous-même homosexuel que vous les défendez », lui lança Jaziri. Et Raymond, du tac au tac, lui répliqua : « Je défends aussi l'avortement et je ne me suis jamais fait avorter ! »

La phrase était maladroite et ne reflétait pas sa pensée. Elle était un raccourci, comme on peut parfois en utiliser dans le feu de l'action. Raymond s'en rendit compte trop tard. Décrite le lendemain dans les journaux francophones, la discussion fut traduite en anglais, reproduite sur plusieurs sites de médias canadiens, et envoyée à Rome avec des centaines de lettres de protestation.

Deux mois plus tard, l'évêque de Joliette reçut une lettre de la plus haute importance. Elle était datée du 21 décembre 2007 et signée par deux des cardinaux les plus influents du Vatican : le cardinal américain William Levada, préfet de la Congrégation pour la doctrine de la foi, et le cardinal brésilien Claudio Hummes, préfet de la Congrégation pour le clergé.

S'adressant à Son Excellence Révérendissime Mgr Gilles Lussier, ils le sommaient de demander à l'abbé Gravel « de renoncer à son mandat public ou, s'il n'était pas disposé à le faire, de présenter une demande de réduction à l'état laïcal avec dispense de toutes les obligations connexes à l'état clérical, dont le célibat ecclésiastique. Si le prêtre refusait les deux options, le Saint-Siège serait contraint de procéder à la démission *ex officio* ». L'évêque de Joliette devait procéder envers lui « à une monition formelle, l'avertissant que seront immédiatement entreprises les mesures canoniques prévues pour la discipline en vigueur ».

Qu'est-ce qui motivait cette demande extraordinaire de Rome qui signifiait, à terme, l'expulsion de Raymond de l'Église ? La monition elle-même – qui est un avertissement sévère d'un évêque à un de ses prêtres – était rarement utilisée. « Comme vous le savez bien, écrivaient les deux cardinaux, la candidature de ce prêtre avait déjà suscité un scandale notable auprès des fidèles, à cause de sa position bien connue de dissentiment public et obstiné sur quelques thèmes de l'enseignement et de la discipline de l'Église concernant l'avortement, la définition du mariage, l'ordination des femmes, et d'autres encore. Ce dissentiment s'est encore exprimé récemment, lors du programme de télévision *Le 3950*, avec un langage incompatible avec la dignité sacerdotale. »

Mgr Lussier fit bien sûr connaître le contenu de cette lettre à l'abbé Gravel qui, dès lors, commença à croire à « une volonté de certains cardinaux de me mettre à la porte de l'Église ». La situation était des plus délicates.

D'une part, l'évêque de Joliette ne pouvait désobéir à une directive du Vatican. D'autre part, il était le plus à même de connaître la sensibilité des Québécois quant à la religion catholique et la popularité de son prêtre auprès de franges de fidèles habituellement réfractaires à l'Église. Obliger Raymond Gravel à quitter son poste de député pendant son mandat risquerait de nuire à la réputation de l'Église qui, pour certains, serait associée à une dictature. Il gagna donc du temps et fit accepter par la Nonciature apostolique et les dicastères du Vatican que l'abbé Gravel termine son mandat, ce qui se produisit en octobre 2008 lorsque des élections générales eurent lieu au Canada. Raymond avait été député pendant un peu moins de deux ans.

Son retrait de la politique ne sonna pourtant pas la fin des attaques contre lui. Elles se multiplièrent les années suivantes. En janvier 2011, Raymond Gravel a surpris les milieux catholiques canadiens en intentant une poursuite en diffamation d'un demi-million de dollars contre LifeSiteNews et Campagne Québec-Vie. Comment un prêtre pouvait-il poursuivre ainsi des catholiques qui se déclarent soumis aux enseignements de l'Église? Essentiellement, il a soutenu avoir été harcelé depuis 2003 par ces deux organismes, qui incitaient leurs membres à lui téléphoner à toute heure du jour ou de la nuit, à multiplier les lettres et les courriels haineux dont il avait gardé des centaines d'exemplaires en preuve.

Dans un article qu'il avait publié dans les journaux en juillet 2010, il se déclarait « dégoûté et écœuré » qu'on l'accuse d'être contre l'enseignement moral de l'Église. «J'ai beau rectifier les propos mensongers qu'on me prête, j'ai beau redire ma confiance et mon espérance à l'Église catholique que j'aime et que je sers, comme prêtre, depuis vingt-cinq ans, rien n'y fait, et la chasse aux sorcières se poursuit. Aussi, ce qui me blesse davantage, c'est que ce site est dirigé par des personnes qui se disent catholiques et prétendent agir au nom du Christ de l'Évangile. »

Il se rendra même jusqu'à Rome le 21 avril 2011 pour plaider sa cause, n'en pouvant plus de vivre cette situation semaine après semaine. Nous étions à deux semaines de la cérémonie de béatification du pape Jean-Paul II et Rome était bondée de visiteurs venus du monde entier. La rencontre avait été préalablement négociée par son évêque avec la Congrégation pour la doctrine de la foi, dont les bureaux s'ouvrent sur la place Saint-Pierre. Raymond était assuré d'y être reçu par nul autre que le secrétaire du préfet de ce dicastère de la Curie. Ce ne fut pas le cas. On le fit patienter sur un fauteuil de velours rouge jusqu'à ce qu'un *monsignore* italien, simplement vêtu d'un clergyman, se présente à lui à titre de l'un des sous-secrétaires du cardinal Levada. Narrée par Raymond Gravel, la rencontre prend des allures surréalistes. « Parlez-moi de vous », lui demanda le sous-secrétaire. Raymond lui fit le récit de ses années de prêtrise, de son apostolat, de son désir de représenter une Église tolérante et accueillante. Autre chose préoccupait le prélat. « Qu'est-ce que vous avez contre le cardinal Marc Ouellet ? » La véritable question était posée. Le 30 juin 2010, le cardinal avait été nommé préfet de la Congrégation pour les évêques et président de la Commission pontificale pour l'Amérique latine. Il travaillait désormais au Vatican. Il dirigeait une de ces neuf congrégations romaines responsables du gouvernement de l'Église. Il voyait le pape Benoît XVI. Il représentait une fierté pour le Canada. À Rome, on ne comprenait pas qu'un simple prêtre le critique autant, et sur tout, et depuis des années. « Je n'ai rien contre le cardinal Ouellet. Il incarne une Église qu'au Québec on a rejetée. On ne veut plus de cette Église. » Le sous-secrétaire fixait Raymond avec un sourire narquois et ne parlait pas. C'était un homme dans la soixantaine, mince, de grande taille. Raymond lui parla de la droite et de la gauche dans l'Église. Le prélat nia leur existence. Raymond s'enflamma : « Monseigneur, la droite et la gauche correspondent aux conservateurs et aux libéraux dans l'Église. Au Vatican, il y en a plein. Je suis resté ici deux ans. Je le sais. » Le sous-secrétaire ne répondit pas. À un certain moment, il dit : « Vous savez, mon père, nous, les prêtres, n'avons pas à plaire aux hommes. Il nous faut plaire à Dieu. » Cela ne rimait à rien, c'était un discours creux. Raymond lui demanda s'il avait lu la lettre de saint Jean, où il est écrit que celui qui dit aimer Dieu qu'il ne voit pas et qui est incapable d'aimer son frère qu'il voit est un menteur. Le sous-secrétaire lui répondit que oui. Raymond insista : « De quel côté êtes-vous ? » La remarque était de trop. Le prélat s'était levé, avait ouvert la fenêtre qui donnait sur le dôme de la basilique Saint-Pierre. Il avait pris de grandes respirations, puis était revenu se rasseoir devant Raymond, qui renchérit : « Je veux vous dire, monseigneur, que j'ai toujours été pour l'Église, que je l'ai toujours défendue. Et que je veux qu'elle s'améliore. » Le prélat se leva. Il dit : « Je vais faire part de cela aux autorités. » Il quitta la salle. L'entretien avait duré une heure. « J'aurais pu dire n'importe quoi que cela n'aurait rien changé à ma situation », déplorera Raymond.

En octobre 2013, après un chassé-croisé de procédures juridiques, malade du cancer, il en vint à une entente avec Campagne Québec-Vie, qui s'excusa pour le ton utilisé à son endroit et accepta de publier, sur son site et dans son journal, le texte intégral du discours que Raymond Gravel avait prononcé à la Chambre des communes en mars 2008 et qui commençait par ces mots : « Je suis prêtre catholique depuis vingt-cinq ans. J'ai toujours été fidèle à l'enseignement du magistère de l'Église. »

Raymond était alors certain de s'entendre avec Life-SiteNews. Il n'aura pas cette consolation. Il avait souhaité que ce procès se poursuive après sa mort. En septembre 2014, six semaines après son décès, LifeSiteNews et la succession de Raymond Gravel conviendront « de se désister mutuellement », chaque partie acceptant d'assumer ses frais juridiques[15].

Cette lutte fratricide entre gens qui partageaient la même foi aura été l'une des plus pénibles du catholicisme au Canada. Elle aura fait perdre à Raymond Gravel, qui fut pourtant l'initiateur de la poursuite judiciaire, des centaines d'heures qu'il aurait pu consacrer à son apostolat. Jusqu'à la fin de sa vie, il aura espéré recevoir des excuses de LifeSiteNews. Il ne voulait pas tellement qu'on lui dise qu'il avait raison. Il ne voulait qu'être aimé.

---

15. www.pouruneécolelibre.com/2012/03/raymond-gravel-c-life-site-news.html.

Chapitre 10

Le prêtre itinérant

À Ottawa, certains de ses collègues politiciens l'avaient surnommé Normond. Le mot fait rire. Il était formé de la première syllabe de « norme » et de la seconde de son prénom. Car Raymond représentait toujours la norme. Il jugeait ensuite ce qui l'entourait à la lumière de cette norme. Et il ne pouvait qu'avoir raison.

Intelligent, il faisait rapidement l'analyse d'un problème pour se forger une opinion. La politique veut qu'on la confronte à celle des autres, qu'on en discute, qu'on en vienne le plus souvent à un compromis qui mènera à une décision commune. Puis il faut élaborer une stratégie pour la piloter au sein des instances administratives et politiques, en formant des alliances avec d'autres partis, pour un jour la voir s'incarner dans un projet de loi. Cela demande du temps, de la patience, de la ténacité. Il faut savoir soigner ses relations humaines, y compris avec ses adversaires les plus coriaces. Il faut passer des heures en palabres de coulisses, où l'on peut se dire sans ambages ce qu'on n'avouera jamais publiquement. Il faut feindre, ruser, risquer. Il faut donner l'impression que l'on fait des compromis sur l'essentiel alors qu'ils ne touchent que l'accessoire, ce qui permet à ses interlocuteurs qu'on aura su convaincre, et qui doivent eux aussi répondre de leurs actes à leur électorat, de prétendre avoir remporté une grande victoire à vos dépens. Ce n'est pas de l'hypocrisie. Ainsi va la politique dans les pays démocratiques.

Raymond détestait ce jeu. Pour lui, la période des interpellations à la Chambre, qu'il qualifiait « de spectacle mal monté, avec ses questions et ses réponses prévues à l'avance », l'ennuyait souverainement. Il n'appréciait que le travail des comités parlementaires, où des députés de tous les partis, reconnus pour leurs compétences dans le projet législatif qui était à l'étude, pouvaient échanger sans ligne partisane et se mesurer uniquement à la valeur de leurs interventions. Il reproduisait en politique un modèle que l'on pouvait retrouver dans les universités. L'ennui est qu'on ne prépare pas dans les parlements des thèses de doctorat. S'il était loyal à son chef et respectait la confidentialité des échanges au caucus de son parti, pour le reste il faisait surtout confiance à son flair et ses réactions étaient toujours instantanées, sans détour, parfois brutales. « Malgré ses qualités innombrables, Raymond n'est pas un joueur d'équipe. Il vit bien avec sa solitude du personnage qui défonce des portes », conclura un de ses bons amis.

En plaçant entre parenthèses son ministère sacerdotal pour accéder à la politique, l'abbé Raymond Gravel était resté lui-même : franc, intègre jusqu'à devenir brutal dans ses réactions envers les gens qui l'indisposaient, néanmoins capable de franchir les pires obstacles pour combattre les injustices et secourir les faibles. Il était ce chevalier sans armure qui suscite l'admiration parce que l'on devine que ses intentions sont totalement désintéressées. Pour devenir député, il avait mis temporairement fin à quatorze ans de gestion de paroisses qui, avec son lot de réunions et de tensions humaines, pouvait aussi devenir fastidieuse. Curé depuis 1994, il pouvait se féliciter des finances de ses paroisses qui se portaient bien parce que ses églises étaient remplies. Frugal dans sa vie personnelle, il savait l'être aussi dans l'administration des biens de l'Église. Il ne faisait non plus aucun compromis. La diplomatie n'était toutefois pas sa marque de commerce. De certains prêtres, agacés par ses méthodes et par son style, il se fera des ennemis irréductibles. Membre du comité de rédaction de la revue *Prêtre et pasteur* à partir de 1994, il en sera congédié en octobre 1998 par le directeur, un confrère prêtre qui reconnaissait que « nous ne sommes pas sur la même longueur d'onde et combien peuvent être conflictuelles nos relations. Pour moi, la situation est telle qu'elle m'empêche d'assumer de façon normale – dans l'harmonie et la sérénité – la responsabilité qui m'a été confiée à l'égard de la revue ». Raymond ne collaborera plus à cette publication du clergé québécois. À un confrère qui lui écrivait avec une syntaxe boiteuse pour le reprendre sur le contenu de l'une de ses interventions publiques en commettant, en plus, une vingtaine de fautes d'orthographe, il répondra qu'un prêtre ayant reçu une formation universitaire se doit de ne pas pondre « n'importe quel torchon ». Il conclura : « Ta manière d'écrire reflète bien ta manière de penser. » Et vlan ! Un ennemi de plus ! Extrêmement sensible à la critique, il accordera toujours une attention démesurée à ceux qui pouvaient lui faire un reproche, qu'ils soient prêtres ou laïcs, pouvant même tenir des conversations interminables avec des gens insignifiants uniquement parce que ce qu'ils venaient de lui dire lui faisait mal. Souvent, il en appellera, par lettres à son évêque, d'une décision d'un confrère qui lui déplaît. Ses archives personnelles contiennent la copie de ces lettres, parfois rédigées sur un ton indigné, où il somme Mgr Gilles Lussier de trancher un litige.

Ses relations avec son évêque auront parfois été orageuses. Dans les années 1990, curé dans une paroisse dont le presbytère d'un autre siècle avait la dimension d'un manoir, il eut l'idée de le rentabiliser en y aménageant des chambres d'étudiants. Il n'y vivrait plus seul, mais en compagnie de ces jeunes qui paieraient un loyer mensuel tout en « s'occupant de l'entretien du presbytère et en subvenant à leurs besoins ». Les étudiants qui le désireraient pourraient s'impliquer dans les activités paroissiales en faisant partie de la chorale, en participant aux célébrations liturgiques, etc. La formule était, selon lui, porteuse d'avenir à un moment où l'Église s'interrogeait sur la reconversion de son patrimoine architectural et se voyait abandonnée par la jeunesse. Il la soumit avec enthousiasme à Mgr Lussier, qui la rejeta. Raymond s'en offensa. Il lui écrivit: « Monseigneur, dans votre bureau, vous m'avez dit que le fait de vivre seul dans un presbytère et de sentir le poids de la solitude témoignait d'une difficulté d'assumer mon célibat. Personnellement, je suis convaincu qu'il n'est pas bon de vivre seul. À la longue, on développe des manies et des habitudes de "vieux garçons frustrés". »

Aimer autrement

L'évêque avait ses raisons. Raymond les pressentait, les amplifiait, les caricaturait. « Je ne suis ni pédophile, ni maniaque sexuel. Je ne suis qu'un homme capable d'aimer avec son cœur, mais aussi avec son corps dans le respect d'autrui. Dans ma vie, j'ai expérimenté une multitude de façons d'être et de vivre qui m'ont enrichi par certains points, mais qui ne m'ont jamais comblé vraiment. Aujourd'hui, j'ai appris à aimer autrement. Je sais pertinemment bien que pour atteindre un équilibre affectif dans ma vie de prêtre j'ai besoin d'amitiés profondes, où peuvent s'exprimer tout simplement des gestes de tendresse, d'affection, de partage, de pardon et d'amour. »

Il terminait sa lettre sur un ton presque menaçant : « J'essaierai de continuer à vivre la mission que vous m'avez confiée, en espérant toutefois que ma souffrance ne sera pas plus grande que ma capacité de l'endurer. À ce moment-là, je serai dans l'obligation de me réorienter. » Et il signait, sans formule de politesse.

L'évêque maintint sa décision.

Incapable de saisir les motivations de ce prêtre récalcitrant, Mgr Lussier avait un jour demandé à un psychologue de recevoir l'abbé Gravel en consultation. Les séances avaient duré quelques semaines. Raymond, heureux de se mesurer à cet homme dans ce qui s'annonçait comme un fascinant jeu intellectuel, s'y était prêté de bonne grâce. Le spécialiste avait rappelé Mgr Gilles Lussier : « Même après dix ans de psychanalyse, je ne pourrais répondre des résultats. » L'expérience prit fin. Raymond déclarera avec amusement: « Au moins, le psychologue aura reconnu que je ne suis pas fou. »

Son évêque apprit donc à s'accommoder seul de cette mécanique complexe qu'était la psychologie de Raymond Gravel. Pour lui, et pour tous les autres prêtres et diacres qui étaient sous sa responsabilité, Mgr Lussier donnera le meilleur de lui-même. En octobre 2008, Raymond avait renoncé à son poste de député. Son évêque le sentait fragilisé par son expérience et ses déceptions en politique ; il cherchera honnêtement à savoir où il pourrait être le plus utile au service de l'Église, et en étant, si possible, heureux. Il lui demandera même de lui écrire et de lui préciser ce « qu'il souhaitait pour l'avenir », lui donnant du temps pour réfléchir, consulter des confrères, des amis. Ainsi, Raymond reprendra peu à peu son accompagnement auprès des malades, des personnes âgées, « et même des jeunes en difficulté », avouera-t-il à Mgr Lussier dans une correspondance des plus respectueuses. « La pastorale biblique m'intéresse beaucoup », lui annoncera-t-il. Avant son élection, il avait été responsable de l'enseignement biblique pour le diocèse de Joliette. La place avait été prise. « Si le père [il le nomme] le veut bien, j'aimerais travailler avec lui. » Raymond ne s'impose pas. « J'aimerais bien avoir une paroisse, pour vivre en communauté chrétienne. » Ce ne sera pas le cas.

La décision se prendra avec l'entier accord de Raymond. Elle correspondra bien à sa personnalité. Il deviendra « prêtre remplaçant pour le ministère sacerdotal », sans charge de paroisses, dans le diocèse de Joliette. Ainsi, il pourra, sans devoir s'occuper d'administration ou de comité pastoral, exercer son ministère sacerdotal selon les besoins, quand les curés seront malades, en vacances, en retraite ou en mission spéciale. Il pourra aussi reprendre ses messes dominicales à la paroisse Saint-Pierre-Apôtre, à Montréal. Il lui sera confié la responsabilité de l'enseignement biblique pour le diocèse de Joliette, le confrère qui l'avait remplacé n'en prenant nullement ombrage et souhaitant même remplir d'autres tâches. Raymond quittera le presbytère de l'Épiphanie, où il a vécu les fins de semaine pendant son mandat politique à Ottawa, pour revenir habiter à l'évêché, au milieu de ces vieux prêtres qu'il disait tant aimer autrefois, quand il était jeune prêtre. Il a maintenant cinquante-six ans. Il n'a pas pris un kilo depuis ses vingt ans, sa chevelure est toujours abondante et n'a pas nécessité d'autres greffes, il a encore cette allure juvénile qu'il ne perdra jamais tout à fait. Dans quatre ans, il ne pourra se le cacher, il abordera toutefois cet âge où l'adulte bascule lentement vers l'autre versant de la vie… « Monseigneur, je vous remercie de la confiance que vous me portez, écrit-il. Je vous prie de croire dans mon désir de servir notre Église. » Ces émotions ne sont pas feintes. Son évêque sera à même de constater que « Raymond s'humanise, qu'il est moins centré sur lui-même ».

Ceux et celles qui suivront alors ses cours sur la Bible témoigneront de son extraordinaire préparation. Il situait le livre saint dans son contexte géopolitique. Il arrivait avec des cartes géographiques de l'époque durant laquelle les évangiles furent rédigés, de soixante à quatre-vingts ans après la mort du Christ. Il expliquait que les épîtres étaient des lettres que Paul envoyait aux premières communautés chrétiennes, à Corinthe, à Éphèse, à Rome, pour les renforcer dans leur foi récente. Raymond parlait des voyages que l'apôtre y fit en compagnie de son disciple Luc, médecin et Grec lettré, qui des décennies plus tard deviendra connu dans toute la chrétienté sous le nom de saint Luc, l'évangéliste. Les premiers siècles du christianisme avaient toujours fasciné Raymond. Qui étaient ces hommes? Qu'est-ce qui les avait poussés à affronter d'aussi grands dangers pour répandre la religion d'un juif illettré, parlant l'araméen, qui avait été crucifié au début d'avril de l'an 33, comme des centaines d'autres pauvres bougres condamnés à subir ce supplice terrible sous l'occupation romaine?

Une autre forme de ministère préoccupe Raymond. Il en parle à Mgr Lussier. Il aimerait reprendre son accompagnement spirituel auprès des pompiers et des policiers. Là aussi, député de septembre 2006 à octobre 2008, il a dû y être remplacé. À Mascouche, son retour est attendu, désiré même. Il sera facilité par celui qui l'avait amené à ce ministère en 1993, son grand ami Bruno Julien, fondateur et président du Syndicat des pompiers de cette ville en pleine croissance. Montréalais d'origine, facteur de profession, il était venu s'établir en 1979 avec son épouse dans ce qui s'apparentait alors à un gros village. Il était devenu pompier volontaire bénévole. Il avait contribué à bâtir le service. À l'église, il avait connu un nouveau vicaire dont les homélies l'avaient subjugué. Il s'exprimait différemment des autres prêtres. «Il avait une façon de dire les choses que j'aimais», dira simplement celui qui, avec Claude Paquin et Alexandre Martel, formera pendant des années, sans qu'ils se soient consultés, l'ultime cercle des intimes à qui Raymond pouvait tout dire. Pour lui, la porte était toujours ouverte chez les Julien. Il pouvait y arriver à toute heure du jour ou du soir. Un bon repas lui serait servi. Et il recevrait tout cet amour dont il avait tant besoin.

Son accompagnement spirituel des quarante-deux pompiers de cette ville avait amené Raymond, en avril 1996, à se voir offrir le poste de conseiller spirituel des policiers de Laval. Deux policiers de ce service, l'ayant connu à Mascouche, l'avaient recommandé au président de leur fraternité, André Nadon. La marche était haute. On parlait de plusieurs centaines de personnes. Raymond blague : toujours pressé, il ne connaît de la police que les contraventions qui lui ont valu onze points d'inaptitude ! Il se rend à Laval, rencontre quelques policiers, échange avec eux. Le contact est bon. Il endosse un tablier pour servir du spaghetti à la journée annuelle de la Fraternité des policiers, qui vient en aide à la Fondation canadienne du rein. Il est accepté par la base, il le sait. Sa réputation de mouton noir de l'Église catholique étonnera les policiers qui apprendront à le connaître. Il sait écouter, analyser une situation, donner un avis modéré. « Nos membres respectent Raymond et ne l'ont jamais vu comme un extrémiste, dira Francis Voyer, vice-président de la fraternité. Raymond a toujours été disponible. C'est un prêtre. Il est le *chum* de tous les policiers de Laval. »

À l'automne 2008, Raymond avise son évêque que les pompiers de Montréal souhaitent qu'il devienne leur aumônier. La requête vient à la fois de la direction du service, de la direction du syndicat et du président de l'Association des pompiers retraités depuis

1992, le vétéran Gérald Laplante. « Pourquoi lui ? – Parce que c'était un prêtre spécial et que c'est lui qu'on voulait, répond ce dernier. Dans notre tête, c'était un bon prêtre. Et nous ne nous sommes pas trompés. Raymond est un prêtre d'exception, un gars qui a de la compassion pour tout le monde, qui ne juge personne. »

Il sera nommé animateur spirituel des pompiers de Montréal en avril 2009. Rapidement, Raymond impressionnera. Là aussi, il participera aux activités annuelles des pompiers. Il les visitera dans leurs casernes, cassera la croûte avec eux. Il baptisera leurs nouveau-nés et préparera leurs enfants pour leur première communion. Il célébrera leurs mariages et ceux de leurs enfants. L'accompagnement des familles en deuil le démarquera des autres prêtres. À un pompier qui venait de perdre subitement l'une de ses deux filles adorées, il ne parlera pas des mystères de la volonté de Dieu. Il dira seulement : « Lance-moi toute ta colère à la figure. Je vais vivre cette terrible épreuve avec toi et ta famille. Je vais vous appuyer de toutes mes forces. Je vais être disponible vingt-quatre heures par jour pour vous. Mais ne me demandez pas pourquoi cela vous arrive. Je ne le sais pas. » Il ne prêtera pas à Dieu des desseins mystérieux.

Les grands disparus

Toute sa vie, l'abbé Gravel a su trouver les mots qui réconfortent. Il a célébré des centaines de funérailles. Il n'a jamais refusé une demande d'aide des familles, même les plus modestes. Là encore, il se préparait avec une minutie maniaque. Il ne célèbre pas les funérailles de quelqu'un sans appeler la famille et s'entretenir longuement avec elle. S'il le peut, il va la rencontrer avant le service funèbre. Le jour des funérailles, il arrive avec le texte d'une homélie personnalisée, où il parle du défunt comme s'il l'avait toujours connu, des tartes aux framboises ou de la pêche à la ligne qu'il affectionnait et, clin d'œil aux croyants, qu'il pourra désormais savourer ou poursuivre tout à loisir durant l'éternité! Il n'est pas triste, car la mort n'est pas triste pour un chrétien. Elle fait souffrir mais trouve cependant un sens dans l'espérance.

En mars 2009, il sera appelé à célébrer les funérailles les plus difficiles de sa vie, celles d'Olivier et Anne-Sophie Turcotte, que leur père, Guy Turcotte, médecin cardiologue, venait d'assassiner. La cérémonie, intime, a lieu dans un complexe funéraire de l'est de l'île de Montréal. Il rencontre la famille, la mère des enfants, Isabelle Gaston. Il y passe plusieurs heures. «J'aimerais pouvoir reculer jusqu'au début de l'événement pour l'empêcher, mais je n'en suis pas capable», dira-t-il aux journalistes. Normalement, sa sympathie aurait dû aller à la mère. Que s'est-il passé pour que, déjà, il manifeste plutôt de la compassion pour l'homme qui, jusqu'à ce qu'il commette l'irréparable, avait la réputation d'être un bon père? «Il était en détresse», dira Raymond, qui ajoutera: «J'espère qu'il va pouvoir continuer à vivre sans ses enfants qu'il aimait beaucoup. J'espère qu'il va encore pouvoir apporter beaucoup à la société et qu'on va lui pardonner[16].» La phrase étonne. Il célèbre les funérailles des enfants, puis se rend visiter Guy Turcotte. Il passe deux heures avec lui et, sans révéler quoi que ce soit de leur entretien, en gardera l'impression

---

16. *Le Devoir*, 3 mars 2009, p. A5.

d'un homme désespéré qui a besoin d'aide. Cette fois-là, Raymond prend le contre-pied d'une opinion publique indignée par l'horreur du geste.

En juillet 2011, un jury rend un verdict de non-responsabilité criminelle. Le Québec est indigné. Raymond en rajoute : « Cet homme a tout perdu : sa famille, ses enfants, sa profession, son statut social, son intégrité, sa dignité. Y a-t-il pire punition pour un être humain[17] ? »

Un an et demi plus tard, Guy Turcotte est admissible à une libération conditionnelle. Le public ne l'accepte pas. Raymond parle plutôt « d'un homme coupable, mais non responsable du crime odieux contre ses propres enfants ». Il soutiendra que « le pardon est nécessaire pour celles et ceux qui sont touchés par son geste irréparable ».

Dans cette affaire, le comportement de Raymond Gravel, sa promptitude à défendre Guy Turcotte, son absence apparente de compassion et d'empathie pour la mère des petites victimes resteront une énigme pour beaucoup de ses fidèles et de ses admirateurs. Reconnu pour sa défense des exclus et des faibles, il aura, cette fois, bien vite transformé le bourreau en victime.

Un tout autre événement fera cependant l'unanimité autour de lui. Claude Léveillée est mort en juin 2011, sept ans après avoir été victime de deux accidents vasculaires cérébraux qui l'avaient contraint à faire le deuil de son autonomie et de sa musique. À l'été 2010, considérablement diminué, il avait demandé à rencontrer Raymond Gravel, qui se rendra plusieurs fois chez lui. Raymond dira seulement de leurs entretiens que

---

17. *La Presse*, 9 juillet 2011, p. A29.

l'artiste avait été blessé par l'Église. Il cheminera avec celui qu'il finira, en signe d'amitié et de respect, par appeler «monsieur Claude», de beaucoup préférable au distant «monsieur Léveillée» ou au familier «Claude». Un jour, l'auteur de *Frédéric* lui confiera: «Je ne me suis jamais senti si proche de Dieu qu'en votre présence.» Raymond en sera ravi. «C'était le plus beau cadeau qu'il pouvait me faire.» La foi n'est pas un sentiment qui se mesure à l'audimètre. Claude Léveillée avait cependant retrouvé la paix après avoir reçu le sacrement des malades.

Le 15 juin, dans les journaux, Raymond lui rendra un ultime hommage: «Monsieur Claude, il est vrai qu'on ne meurt pas... on ne fait que s'absenter. Mais votre absence sera de courte durée, car votre immense héritage vous rendra présent dans le cœur de celles et ceux qui se laisseront toucher par la nostalgie et le bonheur triste que votre musique sait si bien dégager. Bon voyage, monsieur Claude!»

Le samedi 18 juin, la basilique Notre-Dame de Montréal est remplie pour un dernier hommage à l'un de ces grands qui, en musique et en chansons, a fait le Québec moderne. Raymond se rappelle qu'il n'est plus député de Repentigny. Ce discours n'est plus le sien. Il est prêtre, que prêtre, ce qui est beaucoup. Il ouvre son homélie par cette prophétie d'Élie, dans le livre des Rois: «À l'approche du Seigneur, il y eut un ouragan, si fort et si violent qu'il fendait les montagnes et brisait les rochers, mais le Seigneur n'était pas dans l'ouragan; et après l'ouragan, il y eut un tremblement de terre, mais le Seigneur n'était pas dans le tremblement de terre...» Il y eut à la fin une brise légère, et le Seigneur était dans la brise légère. « C'est exactement ce qu'a vécu Monsieur Claude… Il a pris conscience de la fragilité de Dieu, de sa présence toute simple à travers les brises légères qui se manifestaient à lui : la nature, le silence, la musique, les femmes et les hommes qui le côtoyaient, qui l'aimaient. »

Certaines funérailles le plongeront dans ses souvenirs. Le 6 octobre 2012, il se rendra à Saint-Damien-de-Brandon célébrer celles de Gabriel Émery, l'épicier qui achetait la crème fraîche de son propre père. Il est mort à quatre-vingt-six ans, le 1er octobre. Les semaines précédentes, il avait demandé « à jaser avec Raymond », qui s'était rendu chez lui. Il était le père de son ami d'enfance, Michel, qui avait repris le commerce familial. Depuis, l'un des frères de Raymond travaille pour lui. Les familles de Saint-Damien sont tricotées serrées. Chacune a un lien avec les autres. La mémoire historique y est bien présente. La solidarité aussi.

En ce samedi d'octobre, la campagne lanaudoise s'est parée de ses plus belles couleurs. L'église est bondée. Son ami Michel entreprend de faire l'éloge funèbre de son père. Le texte que lui a proposé sa fille parle de ces mains qui les ont soutenus dans la vie. Elles ont été habiles et efficaces, chaleureuses et réconfortantes, fortes et laborieuses. Elles ont accompagné tant de sourires, elles ont aussi essuyé tant de larmes. Il reconnaît les mains de son père. L'émotion l'étouffe. Raymond Gravel s'approche de lui et pose sa main sur son épaule. Michel cesse de pleurer. Raymond retire sa main. « Non, non, lui murmure son ami. Reste. » Michel Émery terminera l'éloge funèbre de son père avec la main de Raymond posée sur son épaule.

Libre et heureux

Raymond Gravel vivait alors la période la plus heureuse de sa vie de prêtre. Il se sentait libre. Son ministère rejoignait tout le monde. Un journaliste à qui il décrivait son statut lui avait dit: «Vous êtes en quelque sorte un prêtre itinérant», avant de se reprendre, de crainte de l'avoir blessé. Bien au contraire, la remarque avait plu à l'abbé Gravel, qui donnait au qualificatif les deux sens qu'on peut leur apporter au Québec, celui de quelqu'un qui doit se déplacer pour exercer une fonction et celui qui est sans domicile fixe, un sans-abri, un pauvre. Il aimait surtout cette dernière description.

Au fond de lui, il ne se voyait nullement en victime. Il était devenu le prêtre le plus médiatisé du Québec. Même haï et calomnié, il était décrit dans les journaux anglophones comme *one of Canada's most prominent priests* (un des prêtres les plus importants du Canada). Il était souvent invité à la radio et à la télévision. Il faisait partie de l'équipe de *La Victoire de l'Amour,* une émission de télévision animée par son ami Sylvain Charron. Il était celui qui savait le plus utiliser les tribunes que lui offraient les nouveaux médias. Chaque semaine, ses homélies étaient envoyées par courriel à des milliers d'abonnés. Son site Facebook, qu'il avait ouvert sous son nom, avait vite atteint sa limite de cinq mille abonnés. Il avait aussi créé une page web très fréquentée, Réflexions de Raymond Gravel, où il invitait aussi quelques prêtres. Son vieil ami, le curé Pierre-Gervais Majeau, y rédigeait des paraboles hebdomadaires, bijoux de finesse littéraire et de spiritualité. D'ailleurs, la première participation de Raymond à la populaire émission *Tout le monde en parle,* à la télévision de Radio-Canada, en avril 2005, lui avait valu des centaines de courriels, de toutes les parties francophones du pays. «J'ai parlé devant une grande paroisse.» Il pouvait se dire qu'il était un peu devenu ce qu'il avait rêvé d'être le jour de son ordination, le dimanche 29 juin 1986, un prêtre aussi universel que saint Paul l'avait été en son temps.

Raymond Gravel se croyait invincible. Il fumait depuis quarante-neuf ans, dormait mal, courait toujours, prenait de moins en moins de temps pour ses amis et sa famille. La vie allait lui demander des comptes.

Troisième partie
La vie autrement

Chapitre 11

La brise légère

À la seconde même où, vêtu de sa soutane blanche, il était apparu au balcon de la basilique Saint-Pierre en ce mercredi 13 mars 2013, Raymond Gravel avait été conquis. Dans ces moments qui font l'histoire, les mots ont un sens. Il n'avait pas dit: «Je suis le pape, je suis le chef de l'Église.» Il était l'évêque de Rome, un parmi les autres, Pierre au milieu des apôtres. Aux centaines de milliers de fidèles qui l'acclamaient en réclamant sa bénédiction, il avait requis la leur. Il s'était incliné devant eux. Et, à la fin de la soirée, il avait quitté le Vatican en minibus, au milieu des cardinaux qui venaient de l'élire.

La semaine précédente, à l'évêché de Joliette, Raymond avait souhaité que le prochain pape soit un Sud-Américain et qu'il ait connu la misère. Jorge Mario Bergoglio était le premier Argentin et le premier jésuite à être élu pape. Son parcours, que les médias s'empressaient de découvrir tant son élection avait été imprévisible, annonçait une rupture avec les pontificats de Jean-Paul II et de Benoît XVI. Archevêque et cardinal de Buenos Aires, il ne vivait pas au palais épiscopal et préférait se déplacer en métro, avec les ouvriers. À Rome, pendant le conclave, il s'était loué une modeste chambre dans un petit hôtel. Ces symboles étaient forts.

Un certain flottement avait suivi son choix de s'appeler François. Il était le premier pape à adopter ce prénom. Le monde, pendant quelques heures, l'avait appelé François Ier. La mise au point était venue, rapide : il n'était pas l'émule du roi de France. Il s'appellerait, simplement, François, sans désignation de préséance. Les médias avaient pensé à saint François Xavier, le jésuite. Lui, il évoquait le *poverello* d'Assise, qui avait réformé l'Église au treizième siècle. La comparaison avait valeur d'exemple. Ce pape serait un pasteur.

Raymond pensa aussitôt à la simplicité et à la bonté de Jean XXIII, qui avait voulu réformer l'Église au début des années 1960. Un coup de frein avait été appliqué par Paul VI et l'encyclique *Humanæ Vitæ* qui, en 1968, réaffirma la position traditionnelle du Vatican au sujet du mariage et de la régulation des naissances. L'élection du Polonais Jean-Paul II, en octobre 1978, trompa le monde. Son style moderne annonça des réformes qui ne vinrent pas. Sa visite au Canada, à l'automne 1984, fut un énorme succès de relations publiques. Grand politicien, il a contribué à la chute du communisme en Europe et à la libéralisation démocratique dans beaucoup de pays, dont le sien. C'était un théologien d'une grande rigueur. Jeune prêtre, Raymond s'était laissé séduire par lui, avant de déchanter.

Tout, en cette soirée de mars 2013, contribuait au bonheur de l'abbé Raymond Gravel. Il était prêtre depuis bientôt vingt-sept ans. Il s'était acquis une réputation de contestataire en réclamant seulement que l'Église catholique revienne au message de l'Évangile. Il l'avait parfois fait maladroitement, en ne ménageant personne, à commencer par l'épiscopat québécois. Le messager avait fait oublier le message. Et voilà qu'il trouvait dans le nouveau pape un écho à ses propres convictions. Il lui semblait qu'avec lui l'Église abandonnerait son langage d'interdits et de condamnations. Les combats passés du nouveau pape en faveur des pauvres et des démunis annonçaient un changement d'attitudes. Son style de vie même renvoyait aux grands missionnaires d'Amérique latine.

Enthousiaste, Raymond écrivit aussitôt dans les journaux : « Ce qui me réjouit et me fait espérer, c'est son attitude par rapport aux femmes et aux hommes discriminés. Il ne les condamne pas ; il les accueille et les accompagne. Il a même reproché à certains prêtres de refuser le baptême à des enfants nés hors mariage. Si seulement son approche nous faisait oublier les discours de condamnation, de discrimination et d'exclusion des papes précédents, je crois sincèrement que ce serait un pas important vers la pleine égalité entre les femmes et les hommes et la reconnaissance de leur réalité. »

Moins d'un mois plus tard, il salua l'arrivée du nouveau pape dans son homélie du dimanche de Pâques. « Je crois sincèrement qu'il s'agit d'un jour nouveau. Ce jésuite argentin, qui vient d'être élu pape et qui se prénomme François, incarne vraiment le Ressuscité. Sa lutte en faveur des pauvres et des démunis, son combat pour la justice actualise le Christ de l'Évangile et justifie la raison d'être de l'Église. Avec lui, nous sommes passés d'un discours de condamnation et d'exclusion à une Parole de compassion et de miséricorde. Avec l'humilité et la sincérité qu'on lui connaît, il nous fait passer du Vendredi saint au dimanche de Pâques. Il ne ravivera peut-être pas la ferveur religieuse des Québécois, mais il pourra sans doute en réconcilier plusieurs avec l'Église catholique. »

Le pape avait encore surpris le monde en juillet 2013. Dans l'avion qui le ramenait du Brésil après les Journées mondiales de la jeunesse, il était allé jusqu'à dire : « Si une personne est gaie et si elle cherche Dieu avec bonne volonté, qui suis-je pour la juger ? » Raymond s'était senti interpellé. Dans cette église Saint-Pierre-Apôtre où il célébrait depuis des années la messe du dimanche, peu de fidèles se seraient attendus à une telle reconnaissance. À l'évêché de Montréal, où l'on savait qui remplissait cette église du quartier gai, on fermait les yeux. L'épiscopat n'aime pas la dissidence. Raymond avait eu la tristesse de le constater en avril quand l'archidiocèse de Montréal avait retiré de son site internet un témoignage de foi qui lui avait été commandé par l'Église diocésaine elle-même. Il y décrivait, depuis son enfance, son parcours spirituel. Au passage, il déplorait le conservatisme de Benoît XVI. Aucune explication ne lui avait été donnée sur ce retrait. Raymond avait tenté de joindre Mgr Christian Lépine, le nouvel archevêque, qu'il avait naguère connu. En vain. À la direction des communications de l'archevêché, on avait précisé que la décision n'était pas de lui. Raymond avait répliqué en mettant le témoignage de sa foi sur son propre site web, Réflexions de Raymond Gravel. Il s'y trouve encore.

Malgré tout, il vécut peut-être alors les semaines les plus heureuses de son ministère. En 2010, avec l'accord de Mgr Gilles Lussier, il avait quitté sa chambre à l'évêché de Joliette pour s'acheter, non loin de là, un joli cottage près de la rivière L'Assomption, d'où le regard portait sur la cour de ce collège que les clercs de Saint-Viateur avaient ouvert en 1847 et où avaient été formés tant de jeunes gens. Le point de vue était remarquable ; il faisait penser à une peinture de John Constable, avec l'eau à l'avant-plan et ces grands arbres entre lesquels se profilait, au loin, le clocher de la cathédrale de la ville. Plus remarquable encore était l'immense statue de la Vierge qu'il avait installée à l'arrière de sa maison et dont le socle indiquait qu'elle avait été bénite en 1954 par le cardinal Paul-Émile Léger. Raymond se l'était procurée dans une paroisse montréalaise dont l'église avait été démolie. Il n'était pas un collectionneur. Prêtre, il avait une dévotion particulière envers Marie, à qui il avait consacré son mémoire de maîtrise, en 1998. Elle représentait pour lui la douceur du christianisme, sa bonté et sa beauté. Toujours en déplacement, Raymond ne trouvait toutefois que peu de temps pour se reposer dans cette oasis de fraîcheur bornée par deux haies de cèdres, qu'était la cour arrière de sa résidence. Il oubliait qu'il avait soixante ans. Il aurait dû écouter les signes que lui donnait son corps.

Vivre sa foi

Tout l'été, il avait ressenti une douleur à la poitrine. « Cela va passer », s'était-il dit. Toutes les douleurs, chez lui, finissaient par disparaître. À des amis qui le taquinaient de le voir si maigre malgré un bon appétit, il en attribuait la cause à la cigarette qu'il allumait en riant sitôt le repas terminé. Il n'était plus à la mode, plus personne ne fumait autour de lui. Il s'en fichait éperdument. «Je fume parce que j'aime fumer.» Cette raison lui suffisait.

À la fin de l'été, il s'était résolu, sur les conseils de son médecin de famille, à passer un examen. Il s'était rendu sans crainte, le mardi 27 août 2013, à l'hôpital de Joliette, où on l'avait gardé en observation. Le lendemain, jour même de l'anniversaire de naissance de sa mère qui fêtait ses quatre-vingt-neuf ans et qu'il devait aller visiter à Saint-Damien-de-Brandon, le verdict était tombé. Il souffrait d'un cancer du poumon à petites cellules, avec métastases aux os – le pire qu'on pouvait diagnostiquer. Raymond comprit que son univers venait de s'effondrer.

Le dimanche 1er septembre, malade et abattu, il n'avait pu trouver la force de rédiger l'homélie dont seul le titre, «Les invités d'honneur au festin du Royaume», avait été annoncé sur son site, Réflexions de Raymond Gravel. Il s'attendait à recevoir d'un jour à l'autre un appel téléphonique de l'hôpital de Joliette, qui lui fixerait la date de ses premiers traitements. L'appel ne venait pas.

Les jours suivants, désemparé, il alla à Saint-Alphonse-Rodriguez prendre conseil auprès de son ami Pierre-Gervais Majeau, qu'un journal avait appelé «le curé ressuscité». Le 5 janvier 2003, ce prêtre avait pu subir la greffe d'un rein qui avait mis fin à soixante-quinze mois de dialyse qui l'avaient amené jusqu'aux portes de la mort. Sans interrompre son ministère dans les six paroisses dont il avait la responsabilité, il était allé au lit chaque soir en se branchant sur un dialyseur manuel qui nettoyait son sang et qui le suivait partout, même durant ses voyages à l'étranger. Certains matins, il était si faible que, pour célébrer sa messe, il devait s'asseoir sur un tabouret. Pour Raymond, qui le connaissait depuis plus de trois décennies, Pierre-Gervais Majeau était un exemple de courage, de volonté et de foi dans la vie. Le conseil qu'il lui donna était à la mesure de cet homme d'exception. « Ou tu vis ta maladie dans la révolte ou tu l'assumes et tu en fais un témoignage pour les autres. Sois présent dans les médias et accepte de vivre dans la sérénité et dans l'acceptation. Peu importe ce qui t'arrivera, au moins ce que tu vivras servira à quelqu'un. Cela n'aura pas été stérile et inutile. Tu trouveras ainsi un sens à ce que tu vivras. Et tu ne finiras pas ta vie dans l'insignifiance. »

Le dimanche 8 septembre, Raymond avait repris son ministère. Le hasard voulut qu'il dise la messe à l'église du Christ-Roi, à Joliette. Son homélie portait sur les exigences qu'il fallait remplir pour suivre le Christ. Il ne fit aucune allusion à son état. Après la messe, alors que les fidèles quittaient l'église, une responsable de la pastorale était allée au micro et avait pris sur elle, sans avoir requis l'approbation de Raymond, de révéler qu'il souffrait d'un cancer et qu'il était en attente de soins. Elle demanda aux gens de prier pour lui. Un homme s'avança vers le chœur, où Raymond se tenait. Il était de taille moyenne, et les quelques cheveux blancs qui entouraient son crâne dégarni témoignaient de son âge. Raymond le voyait pour la première fois de sa vie. « Je suis le Dr Victor Ghobril. Venez me voir demain à l'hôpital. Je vous soignerai. » Raymond venait de faire la connaissance de l'hémato-oncologue le plus réputé de Joliette. En trente-sept ans, il avait soigné des milliers de patients. Entre le médecin et le prêtre allait s'établir une relation faite de confiance et de respect. « Notre relation a toujours été très correcte, très directe. Avec moi, l'abbé Gravel ne parlait que de sa maladie. Il ne voulait pas que l'on parle d'autre chose, de ses opinions. J'ai respecté cela. Il a toujours eu une attitude positive. Il n'a jamais été défaitiste », dira-t-il de son patient.

Raymond entreprit, en même temps qu'il commençait à être soigné, un pèlerinage aux sources de sa foi. Comme le lui avait suggéré le curé Majeau, il y trouva l'espérance à laquelle il s'accrochera désormais. Les homélies qu'il écrivit sans relâche à cette époque, soit pour ces messes du dimanche qu'il tiendra à célébrer, quel que fût son état, soit pour ces funérailles qu'il acceptera toujours de faire pour des familles qui s'étonneront de le trouver « en si bonne forme », resteront des modèles de théologie. Il continuera de remplir les églises. Même amaigri, la voix voilée et incapable de chanter, il se fera applaudir par les fidèles en parlant de ce Christ qui ne se manifeste pas de manière violente mais comme « une brise légère » qui donne l'espérance qu'on peut s'en sortir, qu'on peut guérir.

En novembre, il sera de nouveau à Saint-Pierre-Apôtre, à Montréal. Il a fait le trajet en automobile depuis Joliette. Le ciel est gris. Il s'attend à ce que l'église soit vide. Étonnement : plus de deux cents personnes prient et chantent avec ferveur. Une caméra tourne pendant la messe, celle de *La Presse*+. Un registre a été placé au fond de l'église avec ces mots : « Seigneur, prends soin de Raymond. » Des dizaines de gens lui écrivent des vœux personnels.

Le sens de Noël

Le curé Pierre-Gervais Majeau lui avait conseillé d'être présent dans les médias. Il y sera, à sa façon et à son heure. À Anne-Marie Dussault, du Réseau de l'information, il choisira de révéler, le vendredi 25 octobre 2013, qu'il souffre d'un cancer. Le secret, jusque-là, avait été bien gardé, Raymond ayant toujours nié être malade lorsqu'un journaliste s'aventurait à lui poser la question. Quelle preuve opposer à un homme qui est actif du matin au soir, à un prêtre qui exerce son ministère ? De crainte du ridicule, il était préférable de taire un soupçon. À Joliette même, par respect pour lui, la discrétion était restée la règle.

Le dimanche 3 novembre 2013, il est à l'émission *Tout le monde en parle*, à la télévision de Radio-Canada. Il sortait de trois jours de traitements ; il avait dû prendre du Decadron, un anabolisant, pour pouvoir tenir le coup jusqu'au studio. Il se fit applaudir par l'assistance en parlant de ce Christ qui n'a condamné personne. La comédienne Marina Orsini lui dit : « Vous écouter nous donne le goût de retourner à l'église. » Dany Turcotte lui remet sa célèbre carte : « Consacrer sa vie à lutter pour ouvrir des esprits, moi c'est ce que j'appelle vivre avec dignité. Merci, Raymond Gravel. » Ce jour-là, il avait planifié faire son *coming out*, il voulait dire publiquement qu'il était homosexuel. Il y avait renoncé à la dernière minute parce qu'il savait que sa mère écouterait l'émission. Il ne voulait pas lui faire de peine. À Harold Gagné, du réseau TVA, il confiera qu'il veut aller voir le pape François

« avant l'été » 2014. À tel autre, il parlera de la Bible. Il donnera des entrevues à des magazines, aux journaux, convaincu que les journalistes sauront faire une bonne utilisation de ses propos. Certains n'hésiteront pas à le suivre jusqu'à la salle de l'hôpital où il reçoit ses traitements. Parfois, il pleure. « On ne peut pas mourir avant sa mère », dira-t-il à un reporter de la télévision, en songeant moins à lui qu'à la douleur qu'elle éprouve. Il la devine seule, dans cette maison du chemin Mondor, que son père avait construite de ses mains. Elle y a accroché au mur du salon, bien en évidence au-dessus du divan, la photo qui avait été prise d'elle avec son fils prêtre, étudiant à Rome, et le pape Jean-Paul II qui lui remet un chapelet avec lequel elle prie depuis lors. La photo voisine celle de toute la famille, de ses enfants, de leurs maris et femmes, de ses petits-enfants, deux photos qui contiennent toute sa vie. Raymond a toujours gardé envers sa mère une affection très forte, à laquelle les autres enfants se sont habitués. Le 28 août 1995, elle avait eu soixante et onze ans. Curé à Saint-Calixte, Raymond n'avait pu se rendre la visiter. Il lui avait écrit : « J'ai peur de te perdre. Tu travailles beaucoup trop, tu ne manges pas, tu prends de l'âge et tu vas au bout de tes forces. S'il fallait que tu partes, j'aurais de la misère à m'en remettre, car même à quarante-deux ans, je suis resté encore un enfant. Et tu es pour moi la personne que j'aime le plus au monde. »

Le 9 décembre 2013, Raymond prononce l'homélie à la messe de l'Immaculée Conception à l'abbaye Val Notre-Dame des cisterciens de Saint-Jean-de-Matha. Il lit l'Évangile de Luc où un ange annonce à Marie qu'elle sera mère de Jésus. « Il s'agit du thème de mon mémoire de maîtrise, précise-t-il d'une voix enrouée. Ce sont des récits évangéliques. »

Le 24 décembre, à la cathédrale de Joliette, il célèbre la messe de minuit. La cathédrale est plongée dans le noir. Raymond a scénarisé l'événement. Les lumières s'allument une à une lorsqu'il explique la signification de Noël. Raymond a gardé son mordant. Il sait que cette fête agace les partisans d'un laïcisme intégral. « À moins d'être un intégriste qui souffre d'intolérance aiguë ou encore un ignare qui ne connaît rien de son histoire, il me semble que Noël peut et doit être célébré par toutes celles et tous ceux qui continuent de croire qu'on peut se rassembler pour partager notre culture et nos valeurs, pour s'aimer malgré nos différences, pour préserver notre dignité humaine et pour espérer un monde meilleur. Ainsi, la fête de Noël sera, pour les uns, la naissance de la lumière et, pour les autres, la naissance du Christ ressuscité. Dans les deux cas, il s'agit d'une naissance, qui consiste à naître et à faire naître à la vie. » Ses amis Claude Paquin et Linda Clermont sont dans la cathédrale. Elle est venue avec sa mère, que Raymond connaît depuis sa jeunesse à Saint-Gabriel-de-Brandon. Des frères et sœurs de Raymond sont présents. Pour eux tous, il a fait préparer un repas de Noël, qu'il donnera à sa maison de Joliette. Cela lui rappellera les réveillons de son enfance. Pour lui, ce sera sûrement le dernier. À la fin de la messe, à toute l'assistance, il fait crier : « Joyeux Noël ! » En ce jour, la tristesse n'est pas de mise.

Il entreprendra, au début de 2014, une tournée des paroisses où il avait été vicaire ou curé. Le 2 février, l'église de Saint-Joachim-de-la-Plaine était remplie pour l'accueillir. Les Chevaliers de Colomb ont déployé leur bannière aux couleurs du Conseil 10634. Deux religieuses, fait exceptionnel, l'aident à la sacristie, l'une d'elles lit l'épître. Elles sont membres des Sœurs de la Charité de Sainte-Marie ; elles viennent de Sainte-Julienne. Autrefois, elles ont aidé Raymond, alors curé de la paroisse. Il s'en souvient. Dans l'église, un vieux cursilliste témoigne des cours de pastorale qu'il a suivis, naguère, avec un jeune vicaire… « Raymond était direct. Quand il avait quelque chose à vous dire, il ne passait pas par quatre chemins. Les gens aimaient ça. » On passe la quête. Les fidèles sont généreux. Il n'y a pas d'orgue dans l'église. Un simple harmonium accompagne le maître chantre. Sa messe dite, Raymond s'avance dans la nef, serre des mains, se laisse donner l'accolade. Il est en forme.

D'autres dimanches, il demandera aux fidèles de ne pas le toucher, à cause de ses globules blancs qui sont trop bas. « Sachez que je vous aime tout autant. » Ils seront des dizaines à défiler devant lui, après la messe, à lui souhaiter bonne chance, prompt rétablissement. Les mots sont simples, ils le touchent quand même profondément. Dans l'épreuve qu'il traverse et dont il devine l'issue, la chaleur humaine lui permet de garder le moral. Il sort toujours requinqué de ses rencontres dominicales, prêt à affronter une autre semaine de traitements.

Le dimanche 16 février, il célèbre la messe à l'église Notre-Dame-des-Prairies, à Joliette. Il éprouve des douleurs à l'épaule. Il prend de la codéine. Il a refusé la morphine parce qu'il veut encore pouvoir conduire son automobile. Il a commencé à perdre ses cheveux. Au fond de lui-même, il espère encore qu'il guérira. Il s'apprête à enregistrer un disque compact, « La puissance de la prière », avec *La Victoire de l'Amour*, qui en assurera la diffusion. Les six textes sont de lui – près de trente-cinq minutes de réflexions originales sur le sens de cette rencontre avec Dieu. La prière est une contemplation, une action, un dialogue. Elle peut être aussi efficace contre les maux, y compris physiques. Il espère… Parfois, il prend du mieux. Il se sent tellement bien qu'il croit que tout va revenir comme avant. Il est encouragé par divers témoignages, dont celui du psychanalyste Guy Corneau, qui a guéri d'un cancer qui devait l'emporter six ans plus tôt. Raymond se plaît à penser que cette maladie est provoquée par de mauvaises émotions et qu'il est possible de la vaincre avec des pensées positives.

Il reprend aussi le même message de compassion et d'espérance qui l'a soutenu en tant que prêtre. « Quand l'Église condamne, rejette et exclut les gens, elle n'annonce pas l'Évangile », dira-t-il, comme un leitmotiv, dans son homélie du 16 mars 2014. Cette homélie qu'il avait écrite quelques jours plus tôt et qu'il avait publiée sur son site internet, il devait la lire à l'église Saint-Pierre-Apôtre. Ce dimanche-là, la maladie l'a empêché de se rendre à Montréal. L'homélie a été lue par le prêtre qui l'avait remplacé au pied levé. Les fidèles l'avaient écouté avec respect. En arrière de l'église, le registre qui avait été ouvert en septembre 2013 était toujours là. Les gens pouvaient souhaiter un prompt rétablissement à celui que, dans cette église et ailleurs, plusieurs, depuis longtemps, appelaient simplement Raymond.

Le lundi 14 avril 2014, au début de la Semaine sainte qui conduit à la fête de Pâques, Mgr Gilles Lussier a célébré en soirée la messe chrismale à la cathédrale de

Joliette. À cette occasion, il a donné le sacrement des malades à quelques personnes. Raymond Gravel, avec quelques prêtres, assistait à cette messe dans le chœur. Son évêque lui a demandé de s'avancer et de se joindre aux autres malades. Il lui a alors déposé l'huile sacrée sur le front et dans la paume des mains. Puis il lui a souhaité de guérir et il lui a donné une chaleureuse accolade. Raymond, qui avait subi cinq traitements de chimiothérapie la semaine précédente, était dans un état de faiblesse tel que toute émotion trop forte risquait de déclencher chez lui des saignements de nez. Il s'est soudainement mis à pleurer. Le mouchoir qu'il a tiré de sa poche pour essuyer ses joues s'est soudainement imprégné de sang. Dans l'assistance, le silence était total.

Le 5 juin, il a fait parvenir aux abonnés de son site l'homélie qu'il devait prononcer le dimanche suivant, fête de la Pentecôte, à l'église de Saint-Henri-de-Mascouche. Il ne la prononcera pas. Le lendemain, il est pris de violents maux de cœur, de vomissements. À l'hôpital de Joliette, les médecins le mettent en observation. On lui annonce que son cancer ne se guérira pas : on ne peut que soulager ses douleurs et prolonger sa vie. Il est admis aux soins palliatifs. Il en sortira quelques jours plus tard, avec le sentiment qu'il n'est pas assez malade pour être hospitalisé. Il retrouve l'espoir. Sur Facebook, où il continue d'être présent, des dizaines de personnes lui souhaitent de guérir. « Continuons de prier pour lui, qui nous a tant aidés », écrit un homme.

L'héritage chrétien
Dans l'après-midi du dimanche 22 juin 2014, il reçoit un couple d'amis sur la terrasse, à l'arrière de sa maison.

Il fait un temps splendide. L'été s'annonce beau. Les mésanges à tête noire se posent l'une après l'autre sur le rebord de la mangeoire qu'il a installée dans la cour. Leur mode de vie, qu'il a appris à connaître depuis peu, le fascine. Ces oiseaux minuscules vivent en famille élargie. Ils peuvent être jusqu'à une centaine. En période d'abondance, les mâles les plus âgés, suivis des vieilles femelles, se nourrissent avant tous les autres. En période de disette, il se produit le contraire. Ils se laisseront mourir pour que les plus jeunes, qui représentent l'avenir de l'espèce, puissent survivre. « La nature est merveilleuse. » Malgré la maladie, Raymond a tenu à partager un verre de vin avec ses invités, un Yellow Tail Shiraz qu'il aime. La semaine précédente, les traitements de radiothérapie qu'il a suivis à l'hôpital de Trois-Rivières, associés à celui de Joliette pour ce type de soins, lui ont donné des bosses dans le cou ; elles disparaissent. Il est amaigri, mais confiant. « J'ai dit à Dieu : si j'ai encore quelque chose à faire sur terre, laisse-moi vivre. » Au début de sa maladie, il songeait à son père, qui était mort à soixante-seize ans. Il a revu à la baisse son espérance de vie. « Dans cinq ans, j'aurai payé l'hypothèque de ma maison », blague-t-il.

Le 24 juin 2014, il célèbre, ainsi qu'il le fait chaque année, la messe de la Saint-Jean à la cathédrale de Joliette. Elle est bondée. Durant son homélie, il défend l'héritage chrétien des Québécois qui, par ailleurs, « ont été tellement blessés par une certaine Église » qu'ils ont préféré s'en retirer plutôt que de se battre de l'intérieur pour changer les choses. Lui s'est battu, et il se battra encore. « L'Église du Québec, dit-il, est l'Église de tout un peuple de bâtisseurs qui ont sué pour faire vivre leur famille et assurer leur dignité. Lorsqu'on jette le bébé avec l'eau du bain, il est normal qu'on ne sache plus qui nous sommes vraiment. Acceptons de nous être trompés et reprenons notre culture religieuse sans en avoir honte. L'Église a aussi fait des choses extraordinaires au Québec. »

Il termine son homélie en souhaitant à tous « une bonne fête nationale, une bonne Saint-Jean-Baptiste, parce que, pour moi, c'est peut-être ma dernière aujourd'hui ». L'assistance se lève d'un seul bloc et l'applaudit chaleureusement pendant près de deux minutes avant de lui chanter la chanson de Gilles Vigneault : « Mon cher Raymond, c'est à ton tour de te laisser parler d'amour. » L'émotion est à son comble. Des gens pleurent dans l'assistance.

L'après-midi, Raymond fera le tour des fêtes familiales, qui ont été organisées dans les quartiers, et des spectacles sur la place Bourget, centre historique de la ville. Les festivités culmineront, le soir, par les prestations des groupes De Temps Antan et Les Cowboys Fringants dans l'immense parc Louis-Querbes, qui longe la rivière L'Assomption et qui, à cet endroit, coule, paresseuse, en méandres. Il se fond dans cette foule de milliers de fêtards. Plusieurs le reconnaissent. La plupart devinent et respectent son besoin de solitude. Lorsque vers minuit, après le traditionnel feu d'artifice, la foule commença à se disperser, Raymond rentra chez lui, épuisé et réconcilié avec lui-même. De la messe du matin à ces fêtes populaires, il venait d'accomplir son ultime parcours avec ce peuple québécois qu'il aimait tant et qu'il avait déjà commencé à quitter.

Chapitre 12

Cette minute d'espérance

« Une femme qui porte le voile est une femme qui a des valeurs », dira Raymond Gravel durant le débat sur la Charte de la laïcité et de la neutralité religieuse de l'État qui enflamma le Québec de l'automne de 2013 au printemps de 2014. Ce projet de loi, piloté par le Parti québécois qui déclenchera des élections générales en espérant le faire adopter, recevait un appui solide de la part des Québécois d'origine canadienne-française qui, depuis des années, sondage après sondage, rejetaient majoritairement tout accommodement trop visible ou jugé déraisonnable envers les minorités culturelles. L'idée d'interdire le port de vêtements ou de signes religieux dits ostentatoires pour les employés de l'État paraissait donc aller de soi dans une société qui, au surplus, se percevait depuis longtemps comme laïque. Bref, si les Québécois faisaient de la religion catholique une affaire privée, ils n'entendaient pas que les groupes ethniques minoritaires, et surtout pas les immigrants de fraîche date, leur imposent la leur dans la vie publique.

Raymond voyait les choses autrement. Son opinion se résumait à quelques mots, qu'il répétera à satiété : « On peut demander à l'État d'être neutre, on ne peut pas demander aux gens de l'être. » Voilà pourquoi il s'opposait à toute restriction vestimentaire pour les employés du gouvernement, qu'il s'agisse du crucifix, du hidjab, de la kippa ou du turban. « Quand j'étais à la Chambre des communes, à Ottawa, il y avait deux députés qui portaient le turban. Ça ne m'a jamais dérangé. S'ils avaient été élus, c'est que les gens les acceptaient. » Le 11 novembre 2013, il s'était entretenu au téléphone avec le parrain de la charte, Bernard Drainville, sans réussir à le convaincre. « J'ai dit à Bernard : si le Parti québécois adopte la charte, je quitterai le Parti québécois. » Il avait même formé le projet de se rendre à Québec avec quelques autres prêtres durant la Semaine sainte, à la mi-avril 2014, pour aller y décrocher le crucifix de l'Assemblée nationale et le rapporter à la cathédrale de Joliette – un geste spectaculaire qui n'eut pas de suite, le Parti québécois ayant été défait aux élections du 7 avril et le projet de charte ayant été envoyé aux oubliettes par le nouveau gouvernement libéral de Philippe Couillard.

De tout temps, Raymond avait combattu ceux qui voulaient ramener la pratique de la religion au domaine privé et qui préféraient que « les chrétiens ne prient que dans leurs sous-sols ». Pour lui, cette thèse évoquait l'Union soviétique, qui avait réussi à éradiquer la foi millénaire du peuple russe pour bâtir une société officiellement athée. Dans les années 1990, il s'était opposé à la déconfessionnalisation du système scolaire. « S'il existe actuellement au Québec un lieu où peuvent s'exprimer librement les droits et libertés de chacun, tout en respectant la majorité qui se reconnaît encore dans la tradition chrétienne catholique ou protestante, selon le cas, c'est bien dans les écoles dites confessionnelles», avait-il écrit dans *Le Devoir* du 21 avril 1997. Et si, en 2008, il voyait encore dans le hidjab musulman un symbole contredisant l'égalité homme-femme, en 2013 il avait changé d'idée. Il prêtait même au Parti québécois la volonté «d'enlever toutes les religions de la société». Il voyait donc dans l'interdiction des costumes et des symboles religieux «un plan du gouvernement athée de Pauline Marois pour que tout le Québec devienne athée».

«Voulons-nous d'un État athée ou d'un État neutre? demandait-il dans *La Presse* du 28 août 2013. Mme Pauline Marois dit à qui veut l'entendre qu'elle est athée. Et pourtant, elle occupe le poste de première ministre du Québec. Elle n'arbore pas de croix ni de signe distinctif, cependant elle affiche son athéisme. Menace-t-elle la neutralité de l'État pour autant? Je ne le crois pas, tout comme la religieuse catholique qui porte un costume et qui enseigne aux enfants du primaire ou l'infirmière musulmane voilée qui travaille dans un hôpital. La foi est une valeur fondamentale pour un croyant. Empêcher quelqu'un de l'exprimer dans son travail, sans toutefois l'imposer aux autres, est un abus de pouvoir digne d'une dictature et d'un gouvernement totalitaire.»

La rupture entre Raymond Gravel et le gouvernement du Parti québécois sur cette question semblait alors si totale et si profonde qu'elle étonna les partisans modérés de la charte qui, même dans leurs scénarios les plus machiavéliques, ne réussissaient pas à y voir une tentative de rendre le Québec athée et antireligieux. Pour ceux qui connaissaient Raymond, sa hargne pouvait s'expliquer par sa détestation de la première ministre (il ira même jusqu'à écrire qu'elle le faisait «vomir»), depuis qu'il avait fort mal pris qu'elle lui déclarât son athéisme en pleine basilique Notre-Dame de Montréal, après les funérailles de Claude Léveillée, le 18 juin 2011. Raymond s'en souvint.

Un autre fait peut expliquer son acharnement à combattre publiquement cette charte des valeurs québécoises : sa vision de l'histoire. Raymond Gravel, on le sait, n'a pas accepté que le Québec ne reconnaisse pas la contribution extraordinaire de l'Église catholique à son développement. Ses dénonciations spectaculaires de certaines pratiques archaïques de cette religion et le style parfois blessant qu'il empruntait pour en blâmer les plus hautes autorités ont fait oublier à quel point il était attaché à cette institution et qu'il manifestait de l'affection pour les humbles religieux et religieuses qui, pendant quatre siècles, avaient bâti à force de sacrifices un système scolaire, hospitalier et d'aide sociale que la Révolution tranquille leur avait, selon lui, repris sans considération. En 1997, il s'était publiquement opposé à ce que l'État québécois verse des compensations financières aux orphelins de Duplessis, ces enfants placés dans des institutions tenues par des religieuses et qui, dans les années 1950, pour majorer les subventions que Québec recevait d'Ottawa, avaient été faussement déclarés malades mentaux et envoyés dans des hôpitaux psychiatriques. «Quand le passé devient monnayable, tout devient prétexte au dédommagement financier, même si l'on sait très bien que l'argent n'est pas thérapeutique et ne change rien à la situation », avait écrit Raymond dans *Le Devoir* du 15 avril. À l'automne de 2011, il s'était opposé pour la même raison à ce que les frères de Sainte-Croix versent dix-huit millions de dollars à d'anciennes victimes d'agressions sexuelles, suggérant même que le nombre des victimes augmentait par appât du gain et que plusieurs n'en étaient pas. « Faire payer à tous ces religieux les écarts de conduite de certains d'entre eux est non seulement injuste mais inacceptable », avait-il écrit dans *La Presse* du 19 octobre 2011. Le débat avait tourné à la polémique. Des fidèles ne comprenaient pas le raisonnement de celui qui s'était fait le défenseur des faibles. « J'ai toujours dénoncé les injustices et j'ai toujours pris la défense des victimes d'injustices, écrira-t-il dans *Le Devoir* du 29 décembre 2011. Je ne suis pas à la solde des évêques et du pape. Je suis moi-même, un simple prêtre qui ne se met pas la tête dans le sable et qui voit la réalité. J'ai pris la défense des minorités sexuelles envers et contre les autorités de l'Église ; j'ai pris la défense des femmes qui ont subi un avortement envers et contre les autorités de l'Église. Maintenant, je suis prêt à prendre la défense des prêtres, des religieux et des religieuses envers et contre les profiteurs et ceux qui cherchent à les détruire. »

Prier ensemble

Raymond vivait alors une autre réalité, très personnelle, intime même, qui influencera son évolution intellectuelle, politique et même spirituelle dans les dernières années de sa vie. En 2010, d'abord par Facebook, il avait fait la connaissance d'Erol Ersan, un émigrant d'origine turque de dix-neuf ans son cadet, diplômé de la Faculté de médecine de l'Université d'Istanbul. En 2008, on le retrouve assistant en opération clinique dans une grande entreprise biopharmaceutique canadienne. Il deviendra ensuite enseignant en science et technologie dans un collège privé. De confession musulmane, croyant et pratiquant, il est le secrétaire de la Fondation Message de l'Islam, une organisation civique et amicale basée à Montréal. Avec les étrangers, Erol est un homme discret, secret même, qui refuse de parler de lui-même. Les circonstances de leur rencontre sont toujours demeurées ambiguës. Raymond prétendra, lui, qu'il était en train de prêcher en faveur de la bande de Gaza à l'église Saint-Pierre-Apôtre quand ce musulman, qui y était entré par curiosité, a été séduit par les propos de ce prêtre catholique avec qui il s'était découvert une communion de pensée politique. Il était venu le voir après la messe. Depuis, ils s'étaient revus à plusieurs reprises. Erol deviendra un grand ami, qui finira par surclasser tous les autres dans son affection et sa fidélité.

Les quatre dernières années de la vie de l'abbé Gravel seront marquées par ce lien profond, sincère, beau même par sa symbolique qui unira le prêtre catholique à cet ami musulman dont il ne se résoudra que tard à évoquer publiquement la présence[18]. S'ils vivent chacun dans leurs villes respectives, ils se rencontreront

18. « Mon témoignage de foi », vidéo disponible sur www.lesreflexionsde raymondgravel.org, Raymond Gravel, avril 2014.

fréquemment, dans des restaurants, des activités publiques ; ils voyageront ensemble. Peu à peu, la présence d'Erol Ersan dans la vie de Raymond deviendra connue, avec les réactions dubitatives que l'on peut deviner dans sa famille, chez ses amis les plus proches, ses confrères. « Raymond n'a jamais fait les choses simplement », dira l'un d'eux. L'abbé Gravel et Erol demeureront proches, envers et contre tous.

Avec lui, Raymond aura de longues conversations sur les valeurs que devrait avoir la société québécoise et sur la place que peuvent y occuper les musulmans qui veulent y vivre selon les préceptes du Coran. Il devenait alors intarissable, emporté. « On accueille des musulmans francophones et, après, on leur dit qu'on ne veut pas de leur religion. Voyons donc ! Et ceux qui ont peur des musulmans, ce sont ceux qui ne vivent pas à Montréal. On a mis dans la tête du monde que les musulmans sont dangereux. C'est contre les musulmans qu'on veut faire cette loi-là. Si on veut les faire devenir dangereux, qu'on fasse cela ! Et puis, quelles sont nos valeurs, à nous, Québécois ? On n'en a plus. La religion catholique doit faire partie des valeurs du peuple québécois. On n'en parle même pas dans la charte. Nous sommes intolérants envers une femme musulmane parce qu'elle porte un voile. Nos propres filles se promènent les seins à l'air et ça ne nous dérange même pas[19] ! »

Raymond Gravel, sans minimiser l'importance de sa foi, a alors commencé à proclamer qu'il rêvait du jour où

---

19. Entretien avec l'auteur, 4 novembre 2013, à la résidence de Raymond Gravel, à Joliette. Erol Ersan était présent et intervenait dans l'échange.

chrétiens, musulmans, juifs et bouddhistes pourraient prier ensemble. S'il n'y avait qu'un seul Dieu, pourquoi le Christ, Allah, Yahvé et Bouddha ne s'entendraient-ils pas? Des moines cisterciens recevaient bien dans leurs abbayes des musulmans du Maghreb où ils étaient établis. Pourquoi lui, l'abbé Raymond Gravel, n'aurait-il pas le droit d'avoir un ami musulman, de prier avec lui un Dieu qu'ils souhaitaient commun? Ce message, il l'a intégré à ses ultimes apparitions publiques.

Aider les autres

Son opposition à la charte des valeurs sera son dernier grand combat. Après la défaite du Parti québécois, Raymond sera forcé de se concentrer sur sa santé. Il appuiera ouvertement le projet de loi sur les soins de fin de vie que la députée de Joliette, Véronique Hivon, qu'il estimait grandement, avait piloté depuis 2009 et qui sera finalement adopté à la majorité des députés de l'Assemblée nationale, en juin 2014. « Quand vient le temps de partir, il faut savoir l'accepter. Il ne faut pas nécessairement provoquer la mort. Dans certains cas, cela peut se produire. » Cette attitude lui vaudra d'autres attaques de la droite religieuse anglophone, qui l'accusera d'être « pour l'euthanasie », attaques auxquelles il ne répondra même plus.

Le 6 juillet 2014, il tiendra à célébrer les messes de 9 heures et de 10 h 30 à Saint-Henri-de-Mascouche. La journée est magnifique. Une affiche l'attend dans le chœur : « Merci beaucoup, Raymond, pour cette célébration avec nous. » Son amie France Duval l'accompagne à l'orgue et aux chants liturgiques. Durant son homélie, qui parle de l'amour conjugal selon l'Évangile de Matthieu, il quitte son texte : « Ce n'est pas vrai que la souffrance est voulue par Dieu pour nous permettre de gagner notre ciel. Moi, je ne veux pas souffrir. » À l'échange de la paix, qui précède la communion, il descend dans l'allée centrale, s'attarde longuement avec ses anciens paroissiens. Après la messe, il se rend visiter ses confrères, au presbytère où il a vécu tant d'années. Il en fait le tour, décrivant l'aspect qu'avait chaque pièce à son époque. À un prêtre, collectionneur de fanions, il réclame celui du Brésil. Il en fera cadeau à l'épouse de son ami Alexandre Martel, qui l'attend à Joliette. Un autre ami, le coiffeur Claude Paquin, l'a accompagné à Mascouche. Prudent, Raymond ne veut plus conduire son automobile.

Le lundi 14 juillet, il revient à Mascouche, cette fois pour assister à l'inauguration de la caserne de pompiers où il s'était rendu tant de fois et qui portera désormais son nom. Il se relève de cinq séances de chimiothérapie ; elles l'ont épuisé. Son ami Bruno Julien, vice-président du Syndicat des pompiers, est là. « Raymond a baptisé près de la moitié des enfants des pompiers d'ici. Il a aussi aidé plusieurs d'entre nous à cheminer dans différents malheurs qui nous ont frappés. Raymond est toujours là, même malade. » Le maire, Guillaume Tremblay, et le directeur du Service de la prévention des incendies, Jean-Pierre Boudreau, lui rendent hommage. Tous sont conscients, y compris Raymond, qu'il ne lui reste que peu de temps à vivre. « Voir son nom sur une plaque, c'est comme si on m'avait immortalisé, dit-il à un journaliste. Je suis très malade, cela restera après que je serai parti. » Il ne se fait plus d'illusions. Il vit intensément chaque heure, chaque minute. Une chaîne de télévision a présenté un reportage en le titrant : « Le dernier été de Raymond Gravel. » Quelques mois plus tôt, il aurait protesté. Maintenant, il hausse les épaules.

Pour oublier sa maladie et ses douleurs, il se concentre sur son ministère. « Aider les autres me fait du bien. » Il rédige toujours ses homélies et insiste pour être présent dans les églises, le dimanche. Malgré la maladie, son message ne se veut pas triste, il n'est pas désespéré. Il cite souvent la célèbre phrase de Georges Bernanos : « La foi, c'est vingt-quatre heures de doute, moins une minute d'espérance. » Il corrige un ami qui ramène sa vie à une suite d'épreuves, à un long chemin de croix : « Tu te trompes complètement ! Depuis que je suis prêtre, ma vie a toujours été remplie d'espérance ! » Mais l'espérance suppose le doute, elle ne comporte aucune certitude. Et s'il apprenait que Dieu n'existe pas, qu'il n'y a rien après la mort, cesserait-il d'être chrétien ? Il fait alors sienne la réaction de cette femme à qui on avait présenté cette hypothèse : « Je resterais quand même chrétienne parce que cela me rend heureuse. » Il célèbre des baptêmes, en particulier ceux d'enfants de pompiers, des mariages et des funérailles. Il sort d'une expérience difficile. Pendant des mois, il avait accompagné une mère de famille de trente-deux ans, qui souffrait d'un cancer du sein. La maladie avait été détectée alors qu'elle n'avait que vingt-sept ans. Elle avait cru à la vie. Ses deux garçons avaient aujourd'hui cinq et six ans. Elle avait dit à son mari : « Je ne veux pas mourir. » Elle était morte quand même. Raymond, affaibli, se sachant atteint lui-même d'une maladie incurable, avait célébré ses funérailles. « La vie est dure », avait-il reconnu plus tard.

Un testament spirituel

Toujours actif, il donnera plusieurs entrevues à des médias – ses dernières. À Pierre Maisonneuve, de Radio Ville-Marie, qui est venu le rencontrer chez lui, le 23 juin, il confie qu'il a encore de l'espoir. « Si je survis à ce cancer, je vais faire le tour des écoles pour dire aux jeunes que tout est possible. » Le 29 juin, il s'était rendu à Montréal participer, en direct, à l'émission *125, Marie-Anne*, animée par Christiane Charette à Télé-Québec : « J'ai une volonté de vivre. J'ai beaucoup d'espérance. » À tous, il proclame qu'il n'a pas peur de la mort et qu'il ne craint que la souffrance.

À la très sérieuse revue *Notre-Dame du Cap*, il léguera un testament spirituel[20]. Le ton est cordial, mais les questions sont directes ; l'entrevue n'en est pas une de complaisance. Il est interviewé par Michel Dongois, qui, d'emblée, le décrit comme « un prêtre progressiste, voire anticlérical, qui retourne tous les soirs au presbytère ». « Cette formule vous conviendrait-elle ? lui demande-t-il.

— En partie seulement, répond Raymond, car je ne suis pas anticlérical. La preuve, je porte le col romain. Je suis un prêtre contestataire. Je ne suis ni contre l'Église ni contre le Magistère, mais je me suis indigné en voyant le pape Jean-Paul II fermer la porte au mariage des prêtres, à l'ordination des femmes et afficher une non-considération pour celles qui se font avorter. Cette condamnation *ex cathedra* semblait être le seul mot d'ordre et je ne pouvais accepter pareille vision de l'Église.

---

20. Michel Dongois, « La compassion du Samaritain », revue *Notre-Dame du Cap*, septembre 2014, p. 8-11.

— Être progressiste, n'est-ce pas afficher un relativisme moral ? lui demande encore son confrère.

— Dès qu'on veut apporter un changement dans l'Église, on risque de se faire accuser de relativisme moral, et c'est ce qui m'est arrivé. Le relativisme moral consiste à suivre l'air du temps, alors qu'au contraire il faut se discipliner pour vivre les valeurs du christianisme. Je veux appliquer l'Évangile et ses valeurs premières : le don de soi et le pardon. Le don de soi, c'est donner ce qu'on a en trop, ce qu'on a de plus précieux. Quant au pardon, pourquoi condamner un homosexuel ou des femmes ? Je crois en une Église qui fait espérer les gens, pas en une Église qui condamne. Croire, c'est espérer et, moi, je suis plein d'espérance. »

L'intérêt de cette entrevue, réalisée trois semaines avant sa mort, est de montrer un Raymond Gravel en pleine possession de ses moyens intellectuels, discutant pied à pied avec un collaborateur de cette revue spécialisée qui le force à s'expliquer sur ses engagements. Sa logique en est cartésienne, mûrement réfléchie, nullement frondeuse. Elle apporte un démenti à ceux qui pourraient prétendre que certaines de ses déclarations et de ses attitudes en fin de vie découleraient d'un affaiblissement provoqué par ses traitements ou sa médication. Raymond Gravel n'était pas de cette trempe d'hommes. Il s'est voulu en contrôle de sa vie jusqu'à la fin.

Il voudra même recadrer l'image que les médias grand public laisseront de lui. Il n'avait que rarement relevé, sauf pour se défendre contre ses détracteurs de la droite religieuse anglophone, les raccourcis qu'on utilisait pour résumer ses convictions. Par exemple, il ne s'était jamais, mais alors jamais, déclaré *en faveur* de l'avortement ; il s'était plutôt montré compatissant et accueillant envers les femmes qui se font avorter. On en avait quand même fait un prêtre *who supports abortion.* Même les journaux les plus crédibles du Québec parlaient de « ses positions favorables au mariage gai et à l'avortement[21] ». Depuis des années, cette description était devenue un cliché. En octobre 2013, un journal régional avait repris qu'il était « en faveur du mariage gai et de l'avortement[22] ». Cette fois-là, il a demandé qu'on publie un *erratum* : « L'abbé Gravel se dit plutôt favorable à l'accueil des gais et des femmes qui ont vécu un avortement. » Ces récentes années, il avait évolué. S'il voulait toujours que son Église ne condamne plus les homosexuels, il ne réclamera plus qu'elle accepte de les marier religieusement. Il exigera toujours qu'elle les accepte « à la table du Seigneur » et qu'elle accepte de bénir l'union de ceux qui vivent la foi chrétienne.

Raymond voudra aussi se réconcilier avec les personnes avec qui il était en brouille. « J'ai besoin de pardonner et d'être pardonné. » Chaque réconciliation est un baume. « Quatre prêtres qui ne me parlaient plus sont venus me voir », dira-t-il, tout heureux.

Il espère encore pouvoir rencontrer le pape François. Il lui écrit une courte lettre pour solliciter une audience. Il demande à Alain Crevier, animateur de l'émission *Second regard*, à Radio-Canada, de lui servir d'intermédiaire. « Par un contact au Vatican, j'ai fait parvenir sa demande, même si on m'avait dit qu'il était vraiment

21. *Le Devoir*, jeudi 22 décembre 2011.
22. *L'Action*, 30 octobre 2013.

très malade, dira le journaliste. Je le connaissais depuis longtemps, j'ai fait plusieurs entrevues avec lui et, souvent, il me reprochait d'être trop sévère envers l'Église, même s'il émettait lui-même bon nombre de critiques ! »

Le chemin des lumières

Raymond n'aura pas la chance de voir le pape. Au début du mois d'août, il est de nouveau hospitalisé. Ses traitements sont interrompus. Il est trop faible. Il a encore maigri. On le retourne quand même à la maison, où il peut se reposer dans le lit thérapeutique qu'on lui a installé, ses douleurs aux os étant trop intenses. Le lundi 4 août, il rassure une connaissance qui lui téléphone : « Je prends du mieux », lui dit-il d'une voix éteinte, avec cette politesse qu'il gardera jusqu'à la fin envers ceux qu'il considère. Erol, qui s'est fait de plus en plus présent à Joliette et qui a pris soin de lui presque quotidiennement depuis le début de sa maladie, sait que Raymond est sur le chemin des lumières.

Le jeudi 7 août, Raymond est réadmis à l'hôpital, à l'unité des soins palliatifs. Le surlendemain, le site internet de *La Victoire de l'Amour* annonce que l'abbé Raymond Gravel vit ses derniers instants. Les ultimes visites, celles de sa famille, celles de ses amis proches, commencent. Il est veillé constamment. Erol, qui ne dort presque plus, protège son ami jour et nuit. Il craint que les médias, apprenant sa mort imminente, ne veuillent capter d'ultimes images. À la réception de l'hôpital, il a donné instruction qu'on ne fasse monter à la chambre de Raymond que les personnes que, lui, admettra. Il a gardé active la page Facebook de Raymond. Les messages d'inquiétude affluent. Tout à coup, un mot apparaît : « Je suis toujours vivant. Union de prière. Raymond Gravel, prêtre. » C'est Erol qui vient d'écrire. Raymond n'est plus en mesure de le faire. Le geste est destiné à éloigner les curieux.

À Joliette, la matinée du lundi 11 août, superbe avec un ciel plein bleu et une température qui frôlera les trente degrés, fait oublier que les grandes vacances tirent à leur fin. Les enfants envahissent encore les parcs et, sur la rivière L'Assomption éclatante de soleil, les canards malards glissent avec grâce et lenteur. Les cloches de la cathédrale viennent de sonner les coups de onze heures quand, tout doucement, l'abbé Raymond Gravel rend l'âme. Il n'a que soixante et un ans et neuf mois. Depuis longtemps, il avait souhaité qu'Alexandre Martel, son fils spirituel, et Erol Ersan, son ami musulman, soient tous les deux à son chevet pour ses derniers moments. Ils y sont.

Quelques minutes plus tard, répercutée par ces tam-tam des temps modernes que sont devenues les plate-formes multimédias, la nouvelle de sa mort fait le tour du Québec. Elle se dispute avec celle de l'acteur américain Robin Williams, qui vient de se suicider. Sur les réseaux sociaux, où tout et n'importe quoi s'écrivent, un auteur anonyme rappelle qu'en août 1977 la mort d'Elvis Presley avait éclipsé celle de l'humoriste Gilles Pellerin. « Pauvre abbé Gravel ! Sa mort passera inaperçue », prédit-il. Il se sera trompé. Dans les heures qui ont suivi le décès de l'abbé Gravel, des milliers de témoignages de sympathie afflueront de partout, du premier ministre du Canada, Stephen Harper, qui, avec son épouse Laureen, offrira ses « plus sincères condoléances à la famille de Raymond Gravel », à la simple mère de famille qu'il avait jadis aidée et qui avait gardé la conviction que « s'il y avait un prêtre qui pouvait changer les choses dans l'Église, ce serait lui ». En une heure, la page Facebook de Raymond Gravel recevra mille quatre-vingt-dix messages de sympathie. Rarement, même à l'époque du catholicisme triomphant, aura-t-on vu une telle ferveur populaire lors de la mort d'un simple prêtre au Québec. Et, étonnamment, ce n'était pas le prêtre contestataire qui était salué, mais le prêtre qui avait su être du côté des exclus, des marginaux, des blessés de la vie. Il n'y avait, dans ces témoignages, sans aucune hargne envers l'Église, qu'une profonde affection envers un homme qui avait incarné les imperfections et les espérances d'un peuple.

À Montréal, les drapeaux de toutes les casernes de pompiers ont été mis en berne dès l'annonce de son décès. À Mascouche, coïncidence, la plaque de l'édifice Raymond-Gravel sera fixée à sa façade dans la matinée même de sa mort.

Depuis longtemps, Raymond avait planifié la fin de sa vie et ce qu'il adviendrait après son décès. Erol organisera les funérailles en suivant les instructions écrites très précises que l'abbé Gravel lui avait données. Car ce dernier n'avait rien laissé au hasard. Il s'était toujours voulu en contrôle de sa vie et il le sera dans sa mort. À l'évêché de Joliette, on connaissait depuis des mois ses volontés. Elles seront respectées le plus possible. Raymond avait souhaité que les funérailles aient lieu un samedi et qu'elles soient célébrées par l'évêque de Joliette. Le samedi 16 août, Mgr Gilles Lussier avait un engagement envers la communauté atikamekw de Manawan, au nord de Lanaudière, engagement qu'il choisira de respecter.

Les funérailles furent donc fixées au vendredi 15, jour de la fête de l'Assomption de Marie. Raymond avait aussi voulu être exposé en chapelle ardente à l'avant de la nef de la cathédrale. Il le sera. Vêtu d'une aube blanche et de son étole bleue, son corps devait être déposé dans un cercueil ouvert, visible de la tête au pied. Le public serait admis la veille de ses funérailles, dans l'après-midi et la soirée, puis à partir de 10 heures, le lendemain. Les obsèques devaient débuter à 14 heures. Tout était prévu : du choix du texte de l'épître et de l'Évangile à l'*Hallelujah* de Leonard Cohen, que Raymond voulait voir interpréter par sa grande amie France Duval et la chorale Fernand-Lindsay, à l'*Alleluia* de Haendel, qu'il voulait que le titulaire des grandes orgues de la cathédrale, Jacques Giroux, interprétât durant la procession de sortie du corps. Un écran géant serait installé devant la cathédrale pour permettre à ceux et celles qui n'auraient pu y pénétrer de suivre la cérémonie religieuse. Raymond avait lui-même contacté la dizaine de personnes – de l'ancien chef du Bloc québécois, Gilles Duceppe, au directeur des pompiers de Montréal, François Massé, du vice-président de la Fraternité des policiers de Laval, Francis Voyer, à la coordonnatrice à la formation, adjointe aux ressources humaines et responsable de l'Office de catéchèse du diocèse de Joliette, Georgette Beaudry-Desrosiers, qu'il appelait affectueusement « ma patronne » – dont il voulait qu'ils lui rendent hommage durant la cérémonie.

Ainsi fut fait. Le jeudi 14 août, la météo était des plus maussades. La température ne dépassera pas les seize degrés et des averses accompagnées de vents forts ponctueront la journée. Dès l'ouverture des portes de la cathédrale, et sans interruption, des centaines de personnes feront la queue pour défiler devant le cercueil et présenter leurs condoléances aux sœurs et aux frères de Raymond qui, en silence et dignement, accompagneront leur frère jusqu'à la fin. Le lendemain, 15 août, le temps ne sera guère plus beau. La queue se reformera dès l'ouverture de la cathédrale. Erol avait fait réserver des dizaines de bancs pour les visiteurs de marque – représentants de tous les partis politiques, dirigeants de pompiers et de policiers et amis personnels de Raymond. Lorsque la cinquantaine de prêtres, vêtus de la coule blanche, partirent du fond de la nef pour s'avancer vers le chœur dans la grande allée, il ne restait plus une place disponible dans la cathédrale ; mille trois cents personnes la remplissaient jusqu'au fond du jubé et plusieurs restèrent debout à l'arrière de la nef. Pendant près de deux heures, sous la direction de son évêque, le clergé diocésain allait entourer l'un des siens et lui permettre, selon la belle formule de Mgr Gilles Lussier, de franchir les portes de l'éternité.

Raymond avait tout prévu, sauf le panache avec lequel son évêque à qui il avait donné tant de mal allait célébrer ses funérailles. Grand orateur, Mgr Lussier en fera l'éloge avec une émotion non feinte, en maniant au passage l'humour. Il ne cachera pas « le défi qu'a représenté l'apprivoisement du mystère de cette personnalité ». Il rappellera qu'un évêque doit être, pour ses prêtres et ses diacres, « un père, un frère, un ami ». Il saura aussi dérider l'assistance en ajoutant : « Et, du moins en ce qui me concerne, ils sont tous égaux. Et comme un père, une mère de famille, j'accorde à chacun l'attention et le soutien dont il a besoin. Mais, comme dans une famille, il y en a qui attirent l'attention et ont besoin de plus d'attention que d'autres. » Chaudement applaudi, il ajoutera en souriant: « Vous devinez de qui il s'agit. »

Un autre témoignage émouvra l'assistance, celui d'Alexandre Martel, qui aura connu Raymond dix-sept ans plus tôt dans cette même cathédrale. Il s'adressera directement à lui. « L'ami que tu auras été pour moi et mes proches nous aura tous permis de revisiter notre foi comme tant d'autres au Québec. Tu nous as laissés comprendre que le chemin du croyant est le plus difficile, car on ne peut compter sur aucune certitude; que la foi est d'abord composée de doutes et d'espérance. Sur ton lit d'hôpital, je t'ai demandé ce que tu aimerais dire aux gens après ton départ. Tu m'as alors dit que tu souhaitais demander pardon à tous ceux à qui tu aurais pu faire du mal sans nécessairement t'en rendre compte et que ton souhait le plus profond était que tout le monde soit content après ton départ, c'était tes mots exacts. »

Dans son scénario, Raymond Gravel avait ainsi décrit la fin de la cérémonie de ses funérailles: « Pendant que tous les prêtres et évêques seront dans l'allée, en procession de sortie, j'aimerais que Mgr Lussier entonne le *Salve Regina* avec tous les membres du clergé. » Cela fut fait. Néanmoins, Raymond n'avait pas tout prévu. Dans son édition de 2012, le très officiel *Dictionnaire biographique des évêques catholiques du Canada* avait écrit au sujet de l'évêque de Joliette: « C'est lui qui eut à gérer, avec une indulgence que certains jugèrent exagérée sinon coupable, le cas de l'abbé Raymond Gravel, élu député péquiste [*sic*] du comté de Repentigny en novembre 2006, et qu'on accusait de soutenir des positions en matière de morale sexuelle difficilement conciliables avec la doctrine officielle de l'Église. » Ainsi décrit devant tous ses confrères canadiens, Mgr Lussier avait accusé le coup. Il n'en avait pas moins continué à défendre son prêtre. Le vendredi 15 août, dans cette cathédrale où il venait de lui faire ses adieux, il étouffera un sanglot en ayant pour l'abbé Raymond Gravel ces dernières paroles : « Il est maintenant comblé dans son désir d'être aimé et reconnu. »

* * *

Selon sa volonté, Raymond Gravel a été inhumé au terrain des prêtres du cimetière Saint-Pierre de Joliette. Avec vingt-huit confrères, dont Mgr René Audet, l'évêque qui l'avait ordonné le 29 juin 1986, et Albée Forget, le curé de Saint-Damien-de-Brandon dont il avait servi les messes durant son enfance, il repose près d'une stèle de pierre où sont gravés les mots « Prêtre pour l'éternité ».

Le dimanche 17 août, la terre avait été replacée et nivelée sur sa tombe ; bientôt, l'herbe y poussera. Une rose blanche, tirée du bouquet qui ornait son cercueil, avait été déposée sur la stèle. Le temps maussade des récents jours n'était pas encore passé ; mais, à la fin de l'après-midi, le soleil sortit de derrière les nuages et inonda le cimetière.

Épilogue

Le chaînon manquant

Après la mort de Raymond Gravel, sa page Facebook est restée active pendant trois mois et demi. Les gens pouvaient lui écrire. Ils seront cent cinquante-huit à le faire la journée du 4 novembre 2014, lors de son anniversaire. «Veille sur nous, Raymond.» «Vous nous manquez.» «Repose en paix, cher ami.» Il y en a même qui lui ont souhaité un bon anniversaire. Il aurait eu soixante-deux ans ce jour-là.

Certains lui demandent de prier pour eux. D'autres s'interrogent: où est-il désormais? Tous savent que, s'ils reçoivent une réponse, elle ne vient pas de lui. Elle provient d'Erol Ersan, qui veut ainsi perpétuer la mémoire de son ami. Cette dévotion singulière prend fin au début de décembre 2014, alors qu'une page Facebook relate les principaux faits de la vie de Raymond Gravel.

À sa mort, quatre prêtres du diocèse de Joliette assureront le relais sur le site web Réflexions de Raymond

Gravel, qu'ils ont renommé Parole et Foi en janvier 2015. À Pierre-Gervais Majeau se sont ajoutés deux prêtres séculiers, Yves Chamberland et Claude Ritchie, et un clerc de Saint-Viateur, Jacques Houle. Ils y publient chaque dimanche, à tour de rôle, le texte d'une homélie.

De son vivant, Raymond Gravel n'a reçu l'appui public d'aucun évêque du Québec ou du Canada, sauf celui de Joliette, Mgr Gilles Lussier. À sa mort, aucun message officiel n'est parvenu de l'épiscopat, rien pour souligner le ministère original de cet homme, rien pour marquer la sympathie de l'Église envers sa famille.

Or, dans son édition du dimanche 4 janvier 2015, le très officiel *Prions en Église,* qui est distribué chaque semaine dans toutes les églises canadiennes et dont les textes liturgiques sont reproduits avec la permission de la Conférence des évêques du Canada, rendait un hommage bien senti à Raymond Gravel. Le calendrier liturgique invitait les chrétiens à célébrer la fête de l'Épiphanie, qui rappelle la manifestation de la lumière de Noël. « Cette fête ravive le souvenir du charisme de l'abbé Raymond Gravel, décédé le 11 août dernier, disait-on en éditorial. Celui-ci nous appelait à sortir de notre confort pour marcher avec les mages qui cherchent Dieu dans l'incertitude, la confiance et l'espérance. Quitte à bousculer les "professionnels de la religion" qui annoncent bien la nouveauté de Dieu, mais sans oser la vivre et l'actualiser. Quitte à irriter les "Hérodes" d'aujourd'hui qui maintiennent leur pouvoir par l'injustice et l'oppression. Ne craignons pas de chercher jusque dans les marges de notre société l'expérience de la miséricorde, qui est au cœur de la foi de l'Église. »

Ce texte est plus qu'un rappel de ce qu'il fut. Il n'est peut-être pas une réhabilitation. Il est à tout le moins le début d'une reconnaissance.

Tout a été écrit sur Raymond Gravel, y compris qu'il était un disciple de Christoph Friedrich Blumhardt, un théologien luthérien allemand. D'autres ont souligné qu'il aurait été plus à l'aise dans l'Église unie du Canada, plus ouverte et libérale que l'Église catholique romaine, et qui aurait pu satisfaire plusieurs de ses idéaux. Un jour, alors qu'il avait maille à partir avec le Saint-Office, une femme lui a même dit que, s'il fondait une nouvelle religion, des milliers de fidèles le suivraient. Il a souri. Il n'a jamais eu cette idée. Raymond était fidèle à son Église comme un fils à sa mère.

Lorsqu'il est né, en novembre 1952, dans une modeste maison de Saint-Damien-de-Brandon, il est entré dans un univers religieux qui, au Québec, allait bientôt s'écrouler. Ordonné prêtre plus de trente-trois ans plus tard, alors que ce n'était plus à la mode, il deviendra un des plus sévères critiques de cette Église qui rejette et condamne. Peu auront compris, sauf son évêque qui l'aura défendu jusqu'à la fin, que cet homme, malgré ses multiples faiblesses humaines, en dépit de « la confluence d'ambiguïtés énormes qui se rejoignaient chez lui », selon l'expression de Pierre-Gervais Majeau, voulait faire renaître une Église moribonde au Québec.

Quelle aurait pu être cette Église ? Le 30 septembre 2012, dans son homélie dominicale, il en avait défini les pourtours : « Trop longtemps, dans l'Église, on a décidé pour Dieu, en imposant aux croyants des doctrines, des principes, des règlements qui ont favorisé beaucoup plus l'injustice, l'exclusion, l'intolérance, l'inégalité…

En faisant passer la doctrine avant l'évangile, on a perdu les fondements mêmes de notre foi chrétienne qui doit s'exprimer par le respect de l'autre, l'accueil inconditionnel, la justice, l'égalité, l'ouverture, la tolérance, le pardon, la miséricorde, l'amour gratuit, la dignité de tous, la confiance et l'espérance. L'évangile doit précéder toutes les doctrines, sinon ce n'est plus l'évangile. C'est le Christ qu'il faut suivre et non pas les apôtres. Les apôtres doivent nous conduire au Christ. Et si la doctrine crée des exclus, il faut l'abolir, la modifier, l'adapter. »

Avec Raymond Gravel, les prêtres auraient pu se marier, ainsi qu'ils avaient pu le faire durant le premier millénaire de l'Église et qu'ils le peuvent s'ils proviennent d'autres églises chrétiennes. Ils auraient eu des enfants, ils auraient vécu au milieu des fidèles, sans privilèges particuliers. Les femmes auraient pu accéder au sacerdoce ou, du moins, au diaconat, ce qui n'aurait pas été une révolution quand on connaît leur rôle majeur dans les premiers siècles de la chrétienté, quand on sait aussi qu'elles peuvent accéder à la prêtrise et même à l'épiscopat dans beaucoup d'Églises chrétiennes. Pour les homosexuels croyants, l'Église aurait pu aménager une forme de reconnaissance de leur union de fait, en bénissant leur couple, par exemple. Les divorcés remariés auraient pu avoir de nouveau accès aux sacrements, à la communion en particulier, ce qui n'aurait été qu'une reconnaissance de ce qu'accepte le clergé diocésain depuis fort longtemps. Le hiatus hypocrite entre la pratique religieuse vécue par les catholiques dans les paroisses, avec l'accord des prêtres et même des évêques, et l'enseignement doctrinal officiel de Rome aurait été comblé.

«Rares sont ces hommes qui ont si clairement présenté le dilemme spirituel et moral dans lequel chacun de nous s'est un jour retrouvé», écrira le 12 août 2014, au lendemain de sa mort, Éric Dupont dans le magazine *L'actualité*. L'auteur de *La Fiancée américaine* ajoutera: «Dans l'église de l'abbé Gravel, les portes n'étaient pas dotées de serrures.»

Il aura été critique de son Église jusqu'à la fin. Dans sa dernière homélie du dimanche 10 août 2014, qu'il avait mise sur son site web peu avant d'entrer à l'hôpital et y mourir, il avait écrit: «Il semble que la barque de l'Église d'aujourd'hui est accostée, bien ancrée, et refuse de prendre le large, parce qu'elle a peur du monde, de la société actuelle et des valeurs qu'elle véhicule. C'est comme si l'Église refusait la modernité et ne voulait pas reconnaître le Ressuscité à travers les femmes et les hommes de notre temps qui vivent leurs réalités.»

Indépendantiste, il aura aussi été très critique des partis politiques qui incarnent ce projet, en leur reprochant de nier la dimension catholique dans l'histoire d'un peuple dans lequel il a voulu se fondre. S'il a autant représenté l'image que se font aujourd'hui les Québécois du prêtre, c'est peut-être qu'il leur ressemblait trop.

«L'abbé Raymond Gravel, témoignera son ami Alexandre Martel, aura été un personnage public plus grand que nature. On pourrait même dire qu'il aura été le chaînon manquant entre le Québec laïque et progressiste d'aujourd'hui et notre vaste héritage catholique. Il aura contribué remarquablement à réhabiliter notre patrimoine collectif en redonnant un sens au message du Christ dans nos vies modernes.»

Jusqu'à la fin, il a voulu être prêtre, un bon prêtre, mais autrement des autres.

Remerciements

Il me faut avant tout remercier Raymond Gravel, dont j'évoque ici la mémoire avec infiniment de respect. Sans sa volonté farouche de collaborer à ma recherche malgré sa maladie, elle n'aurait pu être complétée. Ce projet, qui avait débuté sans que nous sachions que le temps allait devenir pour lui si précieux, il l'avait fait sien au point d'en parler à la première personne du singulier. «Je suis en train d'écrire un livre sur ma vie», révélera-t-il à quelques reprises, sans que je m'en vexe le moins du monde.

Il m'avait fourni une liste de personnes qu'il souhaitait que je rencontre. Je l'avais prévenu que mon éthique professionnelle m'interdirait de lui révéler ce qu'elles diraient de lui, tout comme je ne révélerais à aucune d'entre elles le contenu de nos entretiens. Il ne m'a jamais posé de questions. J'ai su, quelques semaines après sa mort, que cette franchise et cette discrétion l'avaient mis en confiance.

J'aurais aimé qu'il me fasse visiter le village de son enfance, Saint-Damien-de-Brandon. J'avais besoin qu'il me le décrive tel qu'il était dans les années 1950 et 1960. Il n'a jamais pu m'y accompagner. J'ai pu compter, pour cette reconstitution, sur l'aimable collaboration de sa sœur et de son frère aînés, Manon et Michel, qui m'ont permis de faire la connaissance de leur mère, Réjeanne Mondor qui, malheureusement, est décédée le 14 janvier 2015. Je leur exprime toute ma gratitude.

Ont aussi participé à ces rappels historiques : Michel Émery, l'épicier du village qui fut un compagnon d'enfance de Raymond ; Pierre Grandchamp, qui y fut conseiller municipal de 1970 à 1972 ; Pauline Robert, de Saint-Damien-de-Brandon ; Jacques Turenne, aujourd'hui de Saint-Gabriel-de-Brandon ; Jeanne Desrochers-Grandchamp, qui a dirigé la chorale formée des chœurs de Saint-Damien-de-Brandon et de Mascouche, à l'ordination de Raymond Gravel, le 29 juin 1986. Je remercie Claire Saint-Aubin d'avoir mis à ma disposition les archives de la Société d'histoire de JolietteDe Lanaudière, dont elle est la présidente, et Jean-Claude de Guire, archiviste, pour son enthousiasme à collaborer avec moi. Un merci à mon frère, Laurent, pour ses recherches généalogiques sur les familles Gravel de Lanaudière.

J'ai pu bénéficier des confidences de Claude Paquin et de Linda Clermont, qui ont connu Raymond à l'adolescence, qui ont cheminé avec lui à son arrivée à Montréal, et qui l'ont suivi toute leur vie. Leur amitié envers lui n'a jamais failli.

D'autres personnes ont compté beaucoup dans la vie de Raymond Gravel : Bruno Julien, des pompiers de Mascouche, et son fils Marc ; Gérald Laplante, président de l'Association des pompiers retraités de Montréal ; Alain Michaud, de Saint-Cuthbert, qui l'a connu il y a plus de trente ans à Saint-Joachim-de-la-Plaine ; France Duval, chanteuse et musicienne, qui l'a suivi dans son ministère ; Louise Bouffard, agente de pastorale à Mascouche ; Monique Savard, de Saint-Alexis. Je les remercie d'avoir évoqué pour moi les souvenirs de leurs relations avec Raymond Gravel.

Je sais gré au vice-président de la Fraternité des policiers de Laval, Francis Voyer, de son témoignage.

Durant ma tournée des paroisses où l'abbé Gravel a exercé son ministère, j'ai eu la chance d'interroger une vingtaine de personnes qui, à divers titres, ont pu alors le côtoyer. Elles m'ont raconté des faits heureux, parfois malheureux, qui ont marqué son passage. Certaines ont accepté que je les nomme, d'autres ont requis l'anonymat pour ne pas être associées aux événements dont elles venaient de me parler. J'ai préféré ne nommer personne.

Je veux remercier de leurs témoignages Jocelyne Beaudet et son époux Michel Turcotte, de Saint-Jean-de-Matha, qui ont suivi de 2011 à 2013 des cours sur la Bible de Raymond Gravel à l'évêché de Joliette.

Un merci particulier au père Emmanuel Cottineau, cistercien à l'abbaye Val Notre-Dame, pour ses éclaircissements au sujet de la théologie.

Deux autres prêtres ont accepté de me consacrer du temps, et je veux ici leur manifester toute ma gratitude : Pierre-Gervais Majeau, curé de la paroisse

Saint-Pierre-de-Belles-Montagnes, qui regroupe les communautés chrétiennes de Saint-Alphonse-Rodriguez, Sainte-Béatrix et Saint-Côme, ami de longue date de Raymond Gravel, et Claude Ritchie, curé de la paroisse Marie-Reine-du-Monde et St. Patrick, à Rawdon.

Ceux qui ont déjà lu cette biographie savent à quel point le chanoine Aurélien Breault a compté dans la vie spirituelle de Raymond Gravel. Je remercie Mariette Éthier-Morand, sa sœur, d'avoir accepté de m'en parler. Sans elle, le portrait que j'en trace aurait été moins étoffé.

Un témoignage m'a été indispensable, celui de l'évêque de Joliette, Mgr Gilles Lussier, qui a aimablement pris le risque de me faire confiance et de me consacrer deux heures de son précieux temps. Il a toute ma reconnaissance.

Je remercie également Pierre Lefebvre, chancelier du diocèse de Joliette, pour sa collaboration à ma recherche sur l'histoire du clergé diocésain.

Du Dr Victor Ghobril, l'hémato-oncologue qui a soigné Raymond Gravel, j'avais sollicité un bref témoignage. Il me l'a accordé avec la chaleur qui caractérise ses relations avec ses patients.

L'ancien chef du Bloc québécois, Gilles Duceppe, m'a aimablement accordé une entrevue qui relate le passage de l'abbé Gravel en politique. Je l'en remercie infiniment. J'ai complété cet entretien avec d'autres témoignages qui m'ont permis de dégager un portrait personnel, dont je suis seul responsable, de ce politicien hors normes.

Tout le long de ma recherche, j'ai pu bénéficier de la collaboration d'Alexandre Martel, celui que Raymond désignait comme son fils spirituel. Je l'ai d'abord rencontré seul. Puis j'ai demandé à Raymond d'être avec lui pour un second entretien qui porterait sur sa personnalité. Ils se sont prêtés à l'exercice. La confrontation de leurs points de vue m'a été précieuse.

Il me faut enfin remercier ma maison d'édition. À l'origine de ce projet, je ne puis taire l'enthousiasme de Lison Lescarbeau, alors directrice de l'édition de Groupe Librex. Je me souviens de cette première rencontre que nous avions eue, le 5 avril 2013, avec l'abbé Gravel. Il nous avait assuré n'avoir rien à cacher.

Deux personnes m'ont accompagné ces deux dernières années, Nadine Lauzon, éditrice, et André Bastien, ce grand éditeur que je connais depuis vingt-cinq ans. Ils m'ont patiemment guidé. Ils ont relu et annoté tous mes textes. Je leur manifeste toute ma reconnaissance.

Ce livre n'aurait pu naître sans l'approbation de Johanne Guay, vice-présidente Édition de Groupe Librex. Sa confiance m'honore.

À mon épouse, Lise Pelletier, qui m'a constamment soutenu, je redis tout mon amour.

Bibliographie

COLLECTIF, *Centenaire de Saint-Damien-de-Brandon, 1867-1967*, Saint-Damien-de-Brandon, 1967, 100 p.

COMITÉ D'HISTOIRE, *Saint-Gabriel, notre perle*, Québec (Province), 1975, 215 p.

DRAINVILLE, Marguerite, ssccjm, *Porteuse de vie en Amérique. Les Sœurs des Saints Cœurs de Jésus et de Marie depuis 1891*, Joliette, Les Sœurs des Saints Cœurs de Jésus et de Marie, 2003, 372 p.

DUCHARME, Gonzague, *Histoire de Saint-Gabriel-de-Brandon et de ses démembrements*, Montréal, G. Ducharme, 1917, 236 p.

LANDRY, Geneviève et Sébastien RAYMOND, *Enquête de paternité*, Montréal, Les Éditions de l'Homme, 2009, 232 p.

LANOUE, François, *Saint-Damien-de-Brandon, 1867-1994*, Sherbrooke, Comité des fêtes du 125e de Saint-Damien-de-Brandon, 1994, 650 p.

PAYETTE, Jean-Marie, *Le Clergé séculier du diocèse de Joliette, 1904-2005*, Joliette, Édition privée, 2013, 264 p.

Suivez les Éditions Libre Expression sur le Web :
www.edlibreexpression.com

Cet ouvrage a été composé en ITC New Baskerville 12,5/16 et achevé d'imprimer
en août 2015 sur les presses de Marquis imprimeur, Québec, Canada.

certifié   procédé   100 % post-   archives   énergie
    sans chlore   consommation   permanentes   biogaz

Imprimé sur du papier 100 % postconsommation,
traité sans chlore, accrédité Éco-Logo et fait à partir de biogaz.